AF353133

*Tesoro de milagros y oraciones
de la Cruz de Caravaca*

*Tesoro de milagros
y oraciones de la*

CRUZ DE
CARAVACA

Tesoro de milagros y oraciones
de la Cruz de Caravaca

ISBN: 978-607-8688-89-0
Primera edición: Aroha, febrero 2023

© 2023 Nueva Editorial Iztaccíhuatl, S. A. de C. V.
Fuente de Pirámides No. 1, Int. 501-B,
Lomas de Tecamachalco, Naucalpan de Juárez,
C. P. 53950, Estado de México, México.
www.neisa.com.mx

Corrección de estilo: Erika Lizet Ventura
Imagen de portada basada en una fotografía de Richard Avery.
Richard Avery, CC BY-SA 4.0 <https://creativecommons.org/licenses/
by-sa/4.0>, via Wikimedia Commons
Impresión: Litográfica Ingramex S. A. de C. V.

Impreso en México

*De suma virtud y eficacia para curar
toda clase de dolencias como también un
sinnúmero de prácticas para liberarse
de hechizos y encantamientos con
bendiciones y exorcismos, etcétera.*

Los señores Emmos, cardenales, arzobispos y obispos de España han concedido 3600 días de indulgencias a los devotos que recen con devoción delante de dicha estampa, un Credo y un acto de contrición. Es abogada contra rayos, centellas y tempestades.

Coplas

De esta Cruz soberana
oigan, señores,
milagros y prodigios
con mil primores;
pues son tan grandes,
que no hay pluma que pueda
bien numerales.

De los cielos bajaron
con alegría
los Ángeles en coros,
a conducirla;
y pues son tantos

los milagros que obra,
que es un encanto.

Hombres, niños y mujeres
llevan consigo
la Cruz que fue bajada
del cielo Empíreo,
para consuelo;
líbranos de las garras
del Dragón fiero.

Una mujer afligida,
se vea en el parto,
ponga sobre su vientre
ese retrato;
con facilidad
esta Cruz amorosa,
la saca del parto.

Cojos, mancos, tullidos,
ciegos y sordos,
en la santa Cruz hallan

consuelo todos;
que es tan hermosa,
que la escogió Cristo
para su esposa.

Del cielo fue enviada
del Padre Eterno,
para que conozcamos
el gran Misterio
que es el que encierra;
que así nos los conceda
Dios en la tierra.

Los Serafines todos
cantan y alegran
a esta Cruz soberana,
fina diadema;
nuestro consuelo,
es el hecho de Cristo.

Dichosa, Caravaca,
puedes llamarte,

porque en el cielo
pues gozas de los cielos
el estandarte,
que es la Santa Cruz
donde su vida y sangre
dio nuestro Jesús.

Todos los caminantes
y marineros,
por la mar y caminos
andan sin miedo,
como se valgan
de llevar en el pecho
la Cruz amada.

Son grades los misterios
de esta reliquia,
y así digamos todos,
que se bendita;
para que tiemble
el infierno y la gente
que dentro tiene.

De muertes repentinas,
incendios y robos,
y otros libros
nos libre a todos
la Cruz Sagrada
que en los brazos de Cristo
fue desposada.

Oración a Santa Lucía

Dios mío que conservasteis libre a la Bienaventurada Virgen y Mártir Santa Lucía entre las llamas del fuego que la rodeaban, la habéis dado a vuestros fieles cristianos por singular Protectora contra las enfermedades de los ojos, defendedme por sus méritos e intercesión, de incendio en las casas y de movimientos de ira en nuestros corazones y asistid benigna a nuestra espiritual y corporal vista; por Jesucristo. Amén.

Oración a San Cristóbal

Conceded a los que os invocan, glorioso mártir San Cristóbal, que sean preservados de pestes, epidemia y temblores de tierra, del rayo y la tempestad, de incendios e inundaciones. Protegednos en vuestra intercesión durante la vida, en las calamidades que la Providencia tenga dispuestas, y en la muerte libradnos de la eterna condenación y asistiendo vos a nuestra última hora para poder alcanzar la eterna bienaventuranza. Amén.

Milagro que hizo Nuestro Señor del Perdón

Había una mujer que habitaba en la montaña y tenía una vida arreglada. Deseó saber cuántas fueron las llagas que Cristo, nuestro bien, había recibido en su sacratísimo cuerpo y pidió al Señor con mucha devoción que se lo revelase. Se le apareció, pues, y le dijo:

Has de saber que las llagas que recibí en mi cuerpo fueron cinco mil cuatrocientas cincuenta y cinco; por lo que te digo que todo el que rezare en memoria de ellas quince Padrenuestros y Avemarías por espacio de un año, sacará quince almas del purgatorio, y se le remitirá la penitencia que debía hacer por otros tantos pecados mortales y, además, obtendrá la gracia y la confirmación de las buenas obras. Y asimismo, a quien rezare un año entero las oraciones, le daré quince días ante mi cuerpo a comer, y no tendrá hambre; mi sangre ha de beber y no tendrá sed; le pondré delante la señal de la Cruz que le servirá de guardia y defensa; y le asistiré con mi Madre Santísima en la hora de la muerte, y recibiré su alma benignamente, la

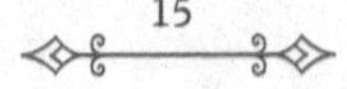

llevaré a los placeres eternos, y cuando la lleve, le daré de beber la Divinidad; y a quien tuviera dolor y contrición de sus pecados, cumpliendo este rezo por espacio de un año, se los perdonaré todos desde que nació hasta la muerte, y le libraré del poder del demonio y de su tentación, siendo malo se volverá bueno y continuamente guardaré su alma de las penas del infierno, y lo que pidiera a mi Madre Santísima se lo concederé, dándole la vida para ir a vivir en mi reino a fin de morar conmigo eternamente. Cualquiera que trajera consigo esta oración y la diere a leer o la enseñare a alguna persona, tendrá en esta vida placer y galardón. Donde quiera que esté esta oración, la casa serpa conservada en paz, así sea hombre o mujer, que tuviere esta oración, no morirá por muerte repentina, ni será perseguida por sus enemigos, ni vencida por ello en batalla, o en prisión, no ahogada en el mar, ni abrasada por el fuego, ni por rayos, ni acometida de gota cruel, ni depondrá contra ella ningún testigo falso. Cualquier mujer que se halle en parto, llevando esta oración parirá

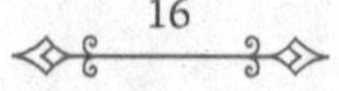

felizmente y sin peligro. Esta oración la trajo de Roma don Juan Cardoso, la cual se halló en un hombre que se había arrojado al mar, con una piedra grande atada al cuello; este anduvo por espacio de tres días sobre las aguas sin ahogarse, y luego que lo sacaron las olas, le encontraron dicha oración. El que la traiga, sea con mucha fe, porque Dios no sabe faltar; y todos los días dirá la oración siguiente:

"Mi Señor Jesucristo, acordaos de mí que soy pecador. Virgen Santísima, rogad por mí, siempre seréis alabada y bendita. Rogad por este pecador a vuestro amado Hijo; preciosa hermosura de los Ángeles, de los Profetas, de los Patriarcas, corona de los Mártires; de los Apóstoles y de los Confesores, gloria de los Serafines, corona de las Vírgenes, libradme de aquella espantosa figura cuando mi alma saliere de mi cuerpo. ¡Oh santísima fuente de piedad y hermosura de Jesucristo, alegría de la gloria, consolación del clero, remedio en los trabajos! Con vos, Virgen prudentísima, se alegran los Ángeles. Encomendad mi alma y la de todos los fieles cristianos; rogad por nosotros a vuestro bendito Hijo y conducidnos al Paraíso eterno, en donde reináis y vivís para siempre: y allí os alabaremos eternamente. Amén, Jesús".

"Soberana Virgen María, Madre de Jesús, Hija del Dios vivo, pues lo habéis parido, rogad por todos los pecadores para que nos perdone. Libradnos del enemigo que nos combate y conocednos la gloria eterna. Amén, Jesús".

Oración al glorioso mártir San Sebastián

Glorioso e invicto mártir San Sebastián, insigne protector de los afligidos, desconsolados y menesterosos que ponen la confianza en Dios y esperan de su benignísima mano el remedio de su aflicciones y necesidades; os suplicamos como abogado que sois también contra todo contagio, peste y epidemia, libréis nuestras casas con vuestra intercesión de estos males. Amén.

San Ciprián y Santa Justina

Introducción

Cuando el tirano Diocleciano arrestó a Santa Justina para martirizarla junto con San Ciprián, este Santo compuso la oración siguiente, suplicando a Dios Nuestro Señor que se dignase a preservar a los fieles de los ensalmos y artificios del demonio, no sólo a todos aquellos a quienes la Santa había convertido a la fe de Jesucristo, sino también a los que en adelante se convirtieran. Esta oración se encontró en los archivos de la ciudad de Constantinopla, cuando los turcos la invadieron. Estaba escrita en un pergamino, del que se apoderó un soldado de la Santa Cruzada, viéndolo firmado por un santo mártir, a fin de preservarlo de la voracidad de las llamas, llevándolo siempre consigo dicho soldado dentro de una bolsa de seda, por cuyo medio se vio siempre libre de todo mal. Posteriormente, este pergamino fue entregado al Papa San Clemente, el cual, penetrando la virtud y la eficacia de la oración que contenía, la recomendó a los fieles como un remedio eficaz contra todos los males, y particularmente contra las tentaciones del maligno espíritu, sus hechizos y brujerías, de modo que dicho Santo Pontífice concedió ochocientos días de indulgencias a todos y a cualquiera de los fieles, cada vez que dijeren u oyeren con devoción la citada oración que el mismo San Crispín compuso antes de su glorioso martirio, entregándola a la hermana Santa Justina, llamada Rufina.

Oración

Oh, Dios Omnipotente y eterno, que por medio de vuestra sierva Justina con quien voy a perder la vida temporal para alcanzar la eterna, os pido humildemente perdón de todos los maleficios que he cometido durante el tiempo que mi espíritu ha estado preocupado con el dragón infernal; y en pago del sacrificio que hago de mi vida, os suplico que mis plegarias sean oídas a favor de todos aquellos que de buen corazón os suplicaren la salud de su cuerpo y alma, recordándoos, Señor, que con una sola palabra sacasteis el maligno espíritu de aquel santo varón del que nos habla la escritura, que resucitasteis a Lázaro muerto de tres días, que volvisteis la vista al santo Tobías, ciego por la instigación de Satanás, que sois el soberano Dominador de vivos y muertos; compadeceos, Señor, de todos aquellos que conozcáis que son vuestros por su fe, esperanza y buenas obras, y os suplico que a aquellos que estén ligados con hechizos, embrujados y poseídos del maligno espíritu, les desatéis para que puedan

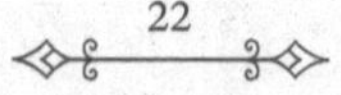

con toda libertad serviros con santas y buenas obras, les deshechicéis para que puedan usar de su albedrío en vuestro servicio; les desembrujéis para que el lobo rabioso no pueda decir que tiene dominio sobre alguna oveja de vuestro rebaño comprada a costa de vuestra preciosísima sangre derramada en el monte Gólgota; libradlos, Señor Todopoderoso, del enemigo, os alaben, bendigan, adoren, exalten, santifiquen y confiesen a Vos, al Padre y al Espíritu Santo, con todo el coro de Ángeles, Patriarcas, Profetas, Santas y Santos, Vírgenes, Mártires, confesores de vuestra santa gloria. Y os suplico, Señor, que, en nombre de Santa Justina, queráis preservar a vuestro servidor N. de todos los maleficios, arterías, perfidias y ardides de Lucifer, y de perseguir vuestro Santo Nombre que para siempre alabado sea; preservad la vista, el pensamiento, las obras, los hijos, los bienes, animales, sembradíos, árboles, viandas y bebida, no permitiendo que vuestro servidor N. sufra ninguna asechanza del demonio, antes bien, iluminadle dándole la vista conveniente

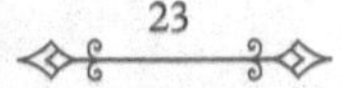

para ver y observar vuestras maravillas en la obra de la naturaleza; rectificad mi entendimiento para que pueda contemplar vuestros favores y dirigir los negocios a un buen fin; desatad mi lengua para cantar las alabanzas de vuestra bondad, diciendo: Alabado seáis, Dios Padre, Dios Hijo, Dios Espíritu Santo, tres personas en un solo Dios, que todo lo ha creado de la nada; si tengo torpeza en las acciones, dignaos desentorpecerlas para emplearlas en obras de vuestro agrado; si mala dirección de los bienes, hijos y demás dependientes de este vuestro servidor N., os suplico, Señor, la troquéis en buena para emplearla en un todo en vuestro santo servicio; finalmente, aceptad, oíd, y concededme lo que a pediros en pago del sacrificio que hicieron de sus vidas vuestros mártires Ciprián y Justina, con las siguientes plegarias:

Todos los Santos Apóstoles, Evangelistas y Discípulos del Señor, rogad por mí.
Jesucristo, apiadaos de mí.

Señor, oídme.

Jesucristo, oídme.

Dios Padre que estáis en el cielo.

Dios Hijo redentor del mundo.

Dios Espíritu Santo, apiadaos de mí.

Santa Trinidad, apiadaos de mí.

San Sebastián, San Cosme y San Damián,
San Roque,
Santa Lucía y San Lorenzo, rogad por mí.

Todos los Santos Sacerdotes, Levitas,
Religiosos,
Anacoretas, Vírgenes, Viudas, Santos y
Santas; interceded por mí.

De todo mal; libradme, Señor.

De todo pecado; libradme, Señor.

De vuestra ira; libradme, Señor.

De los lazos del demonio; libradme, Señor.

De la ira, odio y mala voluntad; libradme,
Señor.

De relámpagos, truenos y tempestades;
libradme, Señor.

De terremotos; libradme, Señor.
Ángeles de Dios; oídme.
Prestadme vuestra ayuda.
Sin vosotros, mi corazón pierde
toda su fuerza.
Sean llenos de confusión los que atenten
contra mi vida Espiritual.

Ea, ea, van gritando,
ya caerás en nuestros lazos,
te seguiremos los pasos
y en ellos tropezarás;
pero los que vos amáis, Señor,
os honra noche y día,
y por esto con alegría
invocan a su libertador.

Dios clemente, os conocéis mi miseria,
mi pobreza y mi flaqueza; vuestro auxilio
no me neguéis.
Mostraos, Señor, mi defensor en la
persecución de mis Enemigos.

Huid, amigos de mi desgracia; en mi Dios
he encontrado gracia, huid.
Que estos enemigos sean confundidos y
alejados, Señor.
Que vengan truenos y tempestades de
mala influencia, para que se alejen de mi
presencia.
Sean inútiles, Señor, de mis enemigos los
pasos.
Libradme de sus asechanzas, Señor.
Concededme esa gracia, Señor.
Salvad, Señor, a vuestro siervo; os lo suplico
por vuestro amor.
Señor, oíd mi súplica; y que el grito de mi
corazón llegue hacia vos, Dios mío.

Oración

Dios mío, cuyo principio es apiadarse y perdonar al pecador, acoged benigno mi plegaria y
haced por vuestra clemencia y piedad que yo y
cuantos estén atados con el lazo de la culpa sean
desatados y absueltos; también os ruego, Señor,

que mediante la intercesión del glorioso mártir San Ciprián, seamos libres de todo maleficio y poder del maligno espíritu. Amén.

Oración al Apóstol San Pablo

Bienaventurado Santo, a quien un destello de la divina gracia convirtió súbitamente de corifeo del error y encarnizado enemigo de la Cruz, en discípulo de la verdad, apóstol de las gentes y defensor acérrimo de la causa de Jesús crucificado.

Rogad por mí, celoso propagador del Evangelio, y alcanzadme de Dios Nuestro Señor, que por un rasgo de amorosa clemencia os derribó vencido a su presencia, para levantaros convertido y dispuesto a la apostólica misión para la cual os tenía destinado, que también caiga yo aplastado por la enorme pesadumbre de mis culpas, y que alumbrado por los resplandores de la divina gracia, pueda levantarme contrito y penitente para seguir vuestras huellas en el camino de la fe y de la caridad cristiana, hasta llegar a la celestial Jerusalén, en donde pueda leer al Señor por toda la eternidad. Amén.

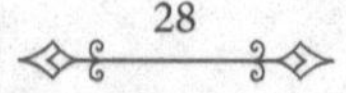

Oración a San Antonio de Padua

Dios y Señor de las Dominaciones, a cuyo poder está sujeta toda humana y angélica criatura, que concediste a vuestro amado siervo San Antonio el privilegio de que sus devotos hallen las cosas perdidas; os doy infinitas gracias por lo mucho que favorecisteis a ese glorioso Santo, y os pido por su intercesión concedáis a mi alma luz

celestial y eficacia que domine y refrene mis apetitos desordenados, para seguir vuestras divinas
inspiraciones; que no pierda yo la joya preciosí-

sima de vuestra gracia, y si por mi desgracia la hubiese perdido, que la halle prontamente. Amén.

Responsario de San Antonio de Padua

Si buscas milagros, mira
Muerte y error desterrados,
Miseria y demonio huidos,
Leprosos y enfermos sanos.

El mar sosiega su ira;
redímense encarcelados;
miembros y bienes perdidos
recobran mozos y ancianos.

El peligro se retira;
los pobres van remediados;
díganlo los socorridos,
cuéntenlo los paduanos.

El mar sosiega su ira;
redímense encarcelados;

miembros y bienes perdidos
recobran mozos y ancianos.

Gloria al Padre, gloria al Hijo,
Gloria al Espíritu Santo.

El mar sosiega su ira;
redímense encarcelados;
miembros y bienes perdidos
recobran mozos y ancianos.

Ruega a Cristo por nosotros,
Antonio glorioso y santo,
para que dignos así
de sus promesas aseamos. Amén.
"Padre nuestro y Ave María".

Oració de Sant Agustí per demanar alivio a Deu en qualsevol aflissio y necessitat

O ducíssim Senyor Jesuscrist, verdader Deu y Home, que foreu enviat por vostre para Omnipotent al mon per salvar als pecadors, y també per deslliurar aqulls que están posats en las persóns, per congregar ais dividits, per tornar als pelegris a sas terras, per tenis misericordia dels contrits de cor y consolar als tritos y afligits. Dignauvos, Deu y Senyor meu Jesucrist, de deslliurar y treure aquest indigen servidor vostre N. de la tribulació y afflició en que está posat.

Vos, Senyor, que sou guarda de tot lo llinatge humá, y ab vostra santísima Passió y preciosa Sanch maravillosamente non compráreu lo Paradís, y posárou pau entre els Angels y homens; dignauvos establir y posar pau entre mí y mos enemigich; mostra vostra gracia sobre el mí, infundir vostra misericordia, extinguir y mitigar tota ya ira y odio tenen conta de mí mos enemigich, arxis como lleváreu la ira y odi de Esaú que contra, de son germá Jacobt tenía, vullau, bon Jesús, mostra sobre mí N. servidor vostre, vostra gracia, y deslliurame de tots aquells que'm tenen rencor. Amén, Jesús.
"Pare nostre, Ave María Salve y Credo".

Oración al Ángel de la Guarda

Ángel de la paz, Ángel de la Guarda a quien soy encomendado. Mi defensor, mi madre, mi vigilante centinela, gracias te hago, que me libraste de muchos daños y peligros del cuerpo y del alma. Gracias te hago que, estando dormido, tú me velaste, y despierto me encaminaste; al oído con santas inspiraciones me avisaste; yo encenegado en los vicios mundanos, no me valía de tus consejos, y como desgraciado no me curaba. Perdóname, amigo mío, mensajero del cielo, consejero y protector y fiel guarda mía; muro fuerte de mi alma, defensor y compañero celestial, en mis desobediencias, vilezas, desvergüenzas y mis muchas descortesías que hoy cometí en tu presencia, tú siempre me ayudaste y guardaste: ayúdame y guárdame siempre de noche y de día. Amén.

"Padre nuestro, Ave María".

Oració a Sant Roch que'ns guardi del cólera

O Deu clementíssim, que per medi de un Angel donáreu al benaventurat Sant Roch una taula dihent, qualselvo que de cor lo invocará será deslliurat de Pestilencia; vos suplico que tots lors que recorrem a son amparo siam deslliurats de tot contagi de cos y ánima per la sua intercesió, y per los merits de Jesucrit nostre Senyor. Amén.

Curioso secreto místico para guardad el ganado

Escribirás sobre un pergamino, el Viernes Santo, durante el oficio de Pasión, lo siguiente:

Oteos † a Soto, † Noxio, † Bay, † Glay, † Apeen, †.

Luego dobla este escrito y lo pondrás en el puño del cayado de pastor, y plantado y clavado en tierra en medio del rebaño, que no se separarán a 20 pasos una res de otra ni del cayado.

Otro para curar el ganado hinchado y guardarlo

Goyet Magog et super Magog, et consummatum est: y le harás la señal de la cruz en el pie izquierdo diciendo las mismas palabras (las que dirás también al entrar en el prado) y el ganado será guardado; esto es para guardarlos, y para curarlo si hay alguna hinchada se les dirán las mismas palabras 3 veces a cada una, teniéndolas derechas sobre sus dos pies traseros, sin que estén con pena ni agitación; es probado.

Asombroso secreto, cierto y probado

A cualquiera que caiga con mal de san Pau se le puede levantar en el acto, sin mal ninguno, con admiración de los circundantes.

Soplarás a la oreja del que ha caído con el mal y dirás estas palabras 3 veces: "Criatura, oye a tu creador; Creador, oye a tu criatura, Gaspar, Melchor y Baltasar, levántate por la Santísima Trinidad", y se levantará al momento.

Secreto para guardar el ganado en los corrales, gallinas y demás animales, del lobo y las zorras

Dirás cada semana, un día sí y otro no, empezando por el lunes (y sin contar el domingo) en los sitios cercados o corrales donde estén los animales, santiguándoles en cada cruz y bendiciendo con la mano al corral con el ganado.

En el nombre del Padre † y del Hijo † y del Espíritu Santo †. Lobos y lobas, zorros y zorras, machos y hembras, yo os conjuro en el nombre de la muy santa, sobresanta, tres veces santa e

individuo Trinidad, y a nombre de Nuestra Señora cuando fue encinta, que no vayáis a tomar
ni matar ninguna cabeza de ganado, sean machos
o hembras, ni a ninguna ave de plumas de ese
corral, ni a comer sus nidos, ni chupar su sangre,
ni chupar sus huevos, ni hacerles ningún mal.

**Oración contra rayos, piedras, huracán y
tempestad, aunque sea por maleficio**

Christus Rex venit in pace. Et Deus Homo
factus est, et Verbum caro fectum est. Christus de
Virgtine natus est, Christus per medium illorum
iba in pace, Christus cruxifixus est, Christus
mortus est, Christus sepultus est, Christus
resurrexit, Christus ascendit, Christus imperat,
Christus regnat, Christus ab omni fulgore nos
defendat. Deus vobiscum. Amén.

Yo te conjuro, N. (aquí se dice nubes, huracán,
granizada o pedrisco, tormenta o manga de agua,
etc.) en nombre del gran Dios viviente, Adonay,
Eloisin, Teobac y Metratón, que te disuelvas, como
la sal en el agua y te retires a las selvas inhabitadas

y barrancos incultos, sin causar daño ni estrago a ninguno. Harás la señal de la cruz a las partes del mundo, y si es manga se cortará lo mismo, pero se ha de tener cuchillo de revés en la mano izquierda (el mango en la mano y la hoja atrás), y levantarás el brazo en alto, haciendo cruces como quien corta hacia las cuatro parte del mundo si es nube; y si es manga a la manga sola, y repetirás: Yo te vuelvo a conjurar por las cuatro palabras, que Dios mismo habló a Moisés: Uriel, Seraph, Josafa Ablaty, Acla Caila, que ceda tu fomento; te conjuro que te disuelvas en el momento, por Adonai; Jesús nutem, Jesús superautem, superautem Jesús. "Padre nuestro" hasta en la tentación.

Lagarot, † Alphonidos, † Paatia, † Urat, † Condion, † Lamacron, † Iodón, † Arpagón, † Atamat, † AMARCON, † Veniat serabani.

Modo de quitar el mal fuerte de vientre enseguida

Harás 9 cruces en el ombligo, y a cada cruz dirás: † Ostevun † Ostesa † Malehit † Banyat.

Ampolla palla † mal de ventre † vesten de aquí aviat † que Deus t'ho mana † (esto se repite 3 veces) y se reza tres Padrenuestros a la Santísima Trinidad.

Para sacar una cédula blanca en el sorteo de la quinta

Dirás: Señor, que no habéis querido que vuestra túnica fuese partida en pedazos, sino que fuese juagada en suerte, hacedme a mí la gracia que yo saque hoy la suerte libre con cédula blanca para mí. Señor, libradme; Señor, libradme a mí si queréis. —Dirás 3 veces el Padrenuestro por las víctimas de la guerra.

Oración enviada como un exquisito regalo al serenísimo Carlos el Grande, Emperador de Hesse y de la Germania

San León Papa ha reunido y puesto por obra la oración que sigue de las mismas palabras y preceptos de nuestra santa madre Iglesia, y la envió a Carlo Magno, diciendo: Si voz creéis firmemente y sin ninguna duda, cada día que digáis la oración en vuestro retiro o recogimiento con devoción, y la llevaréis sobre vos con respeto, sea en la guerra, sea en el mar o en cualquier parte que os encontréis, ninguno de vuestros enemigos tendrá poder sobre vos; seréis invencible, y ganaréis fácilmente las batallas, os libraréis de los más grandes peligros, enfermedades y desgracias, en nombre de nuestro Señor Jesucristo. Amén.

En obsequio y memoria del mismo Pontífice, agradecido y lleno de fe el Rey Carlos la hizo escribir con letras de oro, llevándola siempre sobre él con el mayor cuidado y el más grande respeto y devoción.

Ningún mortal puede explicar la virtud y gracia de esta oración. Si los hombres conocieran su virtud excelencia, la dirían cada día con mucha fe, y no dejarían de llevarla siempre consigo, de tal manera que no se encuentra ninguna persona que diga que, habiendo recitado esta oración, se haya visto abandonada de Dios en todas sus necesidades, y que no haya alcanzado lo que deseaba, y la experiencia innegable de haberla hecho conocer a otros. Así el que la diga cada día con devoción, y la lleve encima con respeto, no tendrá ninguna alteración en el alma ni en el cuerpo, guardando los mandamientos divinos, por la gloria y alabanza de Dios Todopoderoso, de la gloriosa Virgen María, su Madre, y de toda la corte celestial, por cuyo medio será preservado del hierro, del agua, del fuego, y de una muerte repentina. El diablo mismo no tendrá ningún poder sobre él, no morirá sin confesión, y su enemigo no le podrá hacer mal, ni durmiendo, ni en el camino; y en cualquier parte que esté, no será nunca vencido ni hecho prisionero. Esta oración es maravillosa contra las tempestades, los truenos y rayos y si se dice encima de un vaso con agua bendita haciendo aspersiones o bendiciones en forma de cruz al sitio o nublos, al instante se acabaran la tempestad y los truenos.

Si se encuentra dentro del mar; diciendo la oración 3 veces no le sucederá aquel día ningún accidente funesto, ni tempestad; y si se dice 3 veces sobre una persona que esté posesionada de ella el mal espíritu, sea por él o por alguna otra persona a su nombre, tendrá una vela bendita encendida en la mano derecha y será libre inmediatamente.

Si alguna mujer se encuentra en peligro de parto, se le dará una vela bendita encendida y se le dirá la oración, y se verá luego libre del parto. Si alguno se ha de poner en camino, antes de marchar que la lea o la haga leer, y la lleve encima, que no tendrá ningún accidente en su viaje, de ninguna manera; si viene a morir se salvará, porque tendrá tiempo de formar un buen acto de contrición por la gran misericordia de Dios que obra por esa oración, lo cual ha sido experimentado por muchas personas.

También tiene propiedad de servir contra toda clase de encantos y encantamientos, sortilegios, caracteres, visiones, ilusiones, posesiones, obsesiones, impedimentos, ligamentos, maleficios del matrimonio, y todo lo que pueda suceder por arte de brujas o incursión del diablo.

También contra todas las cosas que puedan dadas a los caballos y yeguas, bueyes, ovejas y otras especies de animales, etcétera.

Crux mihi salus:
Crux est quam Semper adoro;
Cruz mihi refugium
Cruz domini mecum.

Divino Jesús Perdonadnos
Oración

Oh Verbo, que os habéis encarnado clavado en una cruz, sentado a la diestra de Dios Padre, yo os adoro por vuestro santo nombre, a la pronunciación del cual todo hombre se humilla, que escucháis las súplicas de todos los que confían y creen en vos, dignaos preservar a esta criatura N. N. (aquí el nombre) por vuestro santo nombre, por lo fines y la pureza con que os dignasteis honrar a la santísima Virgen, vuestra Madre, por las súplicas, dignidades y virtudes de todos los Santos de Dios, de todo ataque de maleficio por parte de los

demonios y de los malos espíritus. Vos que vivís
y reináis con Dios Padre † y el Espíritu Santo †
en unidad perfecta. Amén.

Aquí tenéis la Cruz † de nuestro Señor Jesucristo, se enseña la Cruz de la que depende
nuestra salud, nuestra vida, nuestra resurrección
espiritual, la confusión de todos los demonios,
enemigos conjurados de los hombres, en nombre

de Jesucristo: porque yo os conjuro a vosotros, demonios infernales, espíritus malignos cualquiera que seáis presentes o ausentes, bajo cualquier pretexto que seáis llamados o combinados, o por vuestra voluntad, o por fuerza, amenazas, por artificio de hombres o mujeres malas, por morar o habitar; yo os conjuro otra vez, por temerarios y obstinados que seáis, de obedecer y dejar esta criatura N. N. hechura de Dios y redimida por Dios y perteneciente a Dios; os lo mando por el gran Dios viviente, por el verdadero Dios, por el Dios Santo †, por el Dios Padre †, por el Dios Hijo †, y por el Espíritu Santo †, también Dios, pero principalmente por Jesús autem, por Jesús superautem, por superautem Jesús, por Aquel que fue inmolado en Isaac, vendido en José, que siendo hombre fue sacrificado, que ha sido degollado inocentemente como un corderito; por la sangre de Aquel a cuyo mandato San Miguel combatió por vosotros, demonios, y os ha hecho huir cuando queríais presentaros y sentaros en el trono de Dios. ¿Quién como Dios fuerte y sano?

Yo os prohíbo de su parte, y por su autoridad, que bajo cualquier pretexto que sea, que no podáis hacer ningún mal a esa criatura N. N. ni a nosotros, ni morar en ella ni estos sitios, ni dentro ni fuera de su cuerpo, ni de estos sitios a 100 leguas a la redonda, sea que duerma, que vele, que coma, que rece, que trabaje o que obre natural y espiritualmente: Yo os digo que si sois rebeldes a mi voluntad, valido como estoy por la de Dios, y que por su gracia y misericordia, aunque indigno, pero lleno de fe viva, echaré sobre vosotros todas las maldiciones y excomuniones de todos los Santos: San Pedro, San Pablo, San Antonio de Papua y San Antonio Abad, San Benito y San Ciprián; desahogo todos vuestros enredos y compromisos de todos los magos, brujos y brujas; caracteres, jeroglíficos y hasta las mismas firmas y pactos con palabras y acciones, de todas materias vegetales, sangre, animales, con el nombre de la tres veces santa Trinidad, Dios Santo, Dios fuerte, Dios inmortal, que estamos seguros y libres de vuestro mal; Agios, Sother, Mesías, Emanuel, Sabahot,

Adonay, Athanto, Ischiro, Eleison, Oteos, Eloy, Saday, Algla, Alpha et Omega, Jehová, Profeta, Camino, Verdad, Vida, Eternidad, Gloria Tetragrámaton. ¿Quién como Dios? Yo os conjuro a su nombre, por sus santos nombres, por sus méritos y virtuosa gloria os mando que os marchéis inmediatamente, y desahogo todo encanto y posesión vuestra. † Lagarot, Alphonidos, Paatia, Urat, Condion, Lamacron, Iodón, Arpagín, Atamat, *Bourgasis veniat Serabini. Et Verbum caro facum est, es habitabit in nobis,* y os condeno de parte de la muy santa Trinidad, que vayáis al estanque del fuego y de azufre donde seréis llevados y atormentados a la voz del bienaventurado San Miguel; y si sois forzados a hacer mal por algún mandato, ya sea dándoos culto o adoración y perfumes, o que han echado alguna suerte por palabras o por magia, sea sobre hierba, sobre piedras, o en el aire, o en el agua de fuentes, ríos, lagunas, estanques, o en el mar; o que eso se haya hecho natural o sencillamente, o con composición; y que esas cosas sean temporales, o si se han servido de

cosas sagradas, aunque se hayan empleado en el nombre de Dios o de sus Ángeles; que se hayan servido de caracteres, que hayan examinado las horas, minutos, días semanas, meses o años, lo mismo. Aunque haya hecho con vosotros algún pacto tácito y manifiesto, aunque haya sido con juramento solemne: Yo rompo y destruyo y doy por nulas todas esas cosas, por la virtud y poder de Dios Padre † que ha creado todas las cosas por la sabiduría del Hijo. † Redentor de todos los hombres y por la voluntad del Espíritu Santo †; escudado con el escudo de San Miguel, donde dice: ¿Quién como Dios? En una palabra, por Aquel que ha cumplido la ley eternamente, que es, era y será siempre Omnipotente: Agios, Athanatos, Sother, Tetragrámaton, Jehová, Alpha et Omega, principio y fin; en una palabra, que todo el poder infernal sea destituido y huido de esta criatura N. y de estos sitios, por la señal de la santa Cruz sobre la cual Jesucristo ha muerto, y por la encarnación de los santos Ángeles, Arcángeles, Patriarcas y Profetas, Apóstoles, Mártires y

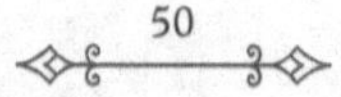

Confesores, todos los Santos que disfrutan de la presencia de Dios desde la creación del mundo, como también de las ánimas santas que viven bajo la Iglesia de Dios.

Rendid vuestro homenaje al Dios muy alto y poderoso, y que ellos penetren hasta su solio (trono) como el humo de aquel pez que fue quemado por el Arcángel San Rafael: Desapareced de aquí, como el espíritu inmundo huyó de delante de la casta Sara. Que todas estas palabras sagradas y bendiciones os hagan marchar, y no permitiéndoos que os acerquéis más a esa criatura N. que tiene el honor de llevar en su frente la marca y señal de la redención y Santa Cruz †, pues el mandato que yo os hago ahora no ha salido de mí, pero sí del que me ha sido enviado del Señor, Padre Eterno, a fin de destruir vuestros maleficios, y eso lo ha hecho padeciendo la muerte en el árbol santo de la Cruz; y nos ha dado el poder de mandaros salir, por su gloria y utilidad de los fieles, sus redimidos; y así os prevenimos según el poder recibido de nuestro Señor Jesucristo, y en su nombre que huyáis, no

os acerquéis más a esa criatura N. ni a estos sitios;
huid y desapareced de la vista de la Cruz. El León
de la tribu de Judá ha vencido, así como la familia
de David. Aleluya. Amén.

"Tres Pater noster en honor de la Santísima
Trinidad y a las almas del purgatorio"

Christus vivit, Christus regnat, Christus a omni
malo te defendat, Maledicti et excommunicati
dæmones, in virtute istorum factorum Dei,
nominum; Messias, Emmanuel, Sotor, Sabahot,
Agios, Ischiros Athanatos, Jehová, Adonay et
Tetragamaton, vos contrigimus, et separamis a
Creatura ista N. et aqb omni lco et domo ubi
fuerint hæ nomina, et digna Dei, præcipimus vobis,
atque ligamus vos ut non habeatis, protestatem per
pestem, nec per aliquos quodcumpem maleficium
nocere ei, incantationem, neque in anima, nece
in corpore.

Ite, ite maledicte in stagnum ignis, sive ab loca
vobis a Deo assignata. Imperat vobis Deus † Pater,

imperat vobis Deus † Filius, impetar vobis Deus † Spiritus Sanctus, imperat vobis Sanctissima Trinitas unus Deus.

Oremus

Accipiat quæsemus Domine Deus noster bene † dictionem tuam criatura tua ista, que corpore salvetur, et mente congruamque tibi exhibeat servitutem, atque tuæ propotitiones beneficia Semper inveniat. Per Christum, etc.

Esta nómina tiene muy eficaz virtud contra la peste, es un especial preservativo y antídoto contra el veneno, echa a los demonios del cuerpo y de cualquier sitio, no hay tristeza ni mala sombra en la habitación donde esté puesta, reina la paz y la alegría; es contra todo maleficio diabólico y encantos. Libra de rayos, sirve de refugio en las tempestades. Socorro en el parto. Es remedio de la gota serena. Es medicina en los otros males. Es arma poderosa contra toda tentación, particularmente contra la pereza. Libra al ganado de las enfermedades. Finalmente destruye maquinaciones del enemigo común y da a los afligidos y tentados consuelos, fortaleza y alivio en la vida y en la muerte.

Cruz del Santo Padre Benito (modo de usarla)

Se lleva encima de la persona. Se podrá colocar en cuadro, o en las puertas de las habitaciones o en cualquier paraje de la casa; se podrá colocar en la parte dolorida en caso de enfermedad. Besándola se ganan muchísimas indulgencias.

En todas las ocasiones en que se debe hacer uso de dicha Cruz, se rezan cinco Glorias Patri a la Pasión de Jesucristo, y tres Aves Marías a la Virgen Santísima y un Padre nuestro a San Benito; cuyas preces se aconseja que se recen si se puede cada día, para gozar más abundantemente el fruto de esta devoción.

Esto se ha sacado del Segundo libro de la vida de San Benito, escrito por San Gregorio Papa y Doctor.

Y diciendo cada día delante de dicha Cruz la oración siguiente de San Benito, reveló este Santo a Santa Gertrudis, que asistiría a la hora de la muerte para oponerse a todos los ataques poderosamente contra el poder infernal del enemigo, al devoto que la hubiese rezado diariamente. Y Clemente XIV concedió indulgencia plenaria cada vez al que la rezare.

Explicaciones de las letras

Las cuatro letras colaterales o de los ángulos de la Cruz, pues son: C, S, P, B; y significan *Crux Sancti Patris Benedicto*, es decir, Cruz de Santo Padre Benito.

Las cinco de la cara perpendicular de la misma Cruz: C, S, S, M, L; *Crux Sacra Sit Mihi Lux*, lo que es lo significa, la cruz santa sea para mí, luz.

Las cinco horizontales son N, D, S, M, D; *Non Docro Sit Mihi Dux*: No sea el dragón (o demonio) mi guía.

Finalmente, sobre la cara de la elipse empezando por arriba y volviendo hacia abajo, las catorce letras siguientes: V, R, S, N, S, M, V, S, M, Q, L, I, V, B; *Vade Retro Satana Numquam Suave Mihi*

Vana Sunt Mala Quae Libas. Ipsa Vena Bibas: Vete Satanás, nunca sean agradables las cosas malas. Son malas las cosas que tú propagas. ¡Ah! Bebe los mismos venenos.

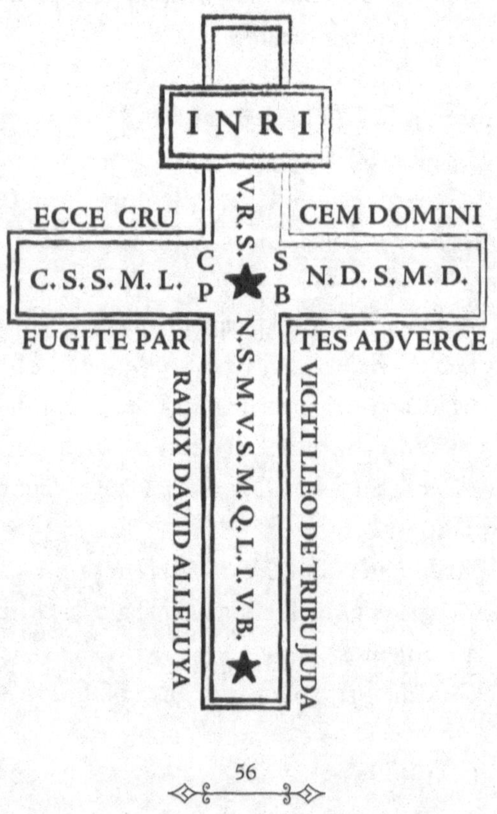

Oración que priva a todos los enemigos de serlo, rezando los seis Padrenuestros y el Credo

En el huerto de Diviseo está San Juan y Homini Deu: Señor, los enemigos que ves venir, déjalos venir. Guarde a mí; y a todos los que están al lado de mí traen los ojos vendados y el corazón amartillado; tengo sangre de mi Señor Jesucristo, y no la quiero dar a So Berano Bajenaro; válgame las palabras del Pan consagrado.

Oración

Esta tiene la misma propiedad

Con el paño que en la patena y el cáliz voy cubierto, que no me vea preso ni herido ni muerto. (Se tiene que rezar tres veces al día).

Oración

¡Mi amado Padre San Benito!, por aquella distinción con que el Señor se dignó honraros concediéndoos una muerte tan gloriosa y beatificándoos: os ruego que os dignéis a asistirme a la hora de mi muerte, y ejecutar en mí todas aquellas promesas que hicisteis a la bienaventurada Santa Gertrudis. Amén.

Cinco Gloria Patris, tres Ave Marías y un Padre nuestro, etcétera.

Altre oració

En nom de deu lo Padre, en nom de Deu lo Fill, en nom de Esperit Sant, em guardará y em lliurará de tot mal de cos y del ánima. Amén. Corona de Cristo, Creu de Cristo, Sanch de Cristo, em guardará y em lliurará de tot de mal de cos y del ánima. Amén.

Jesús de Nazareth Rey de Judea pel teu sagrat nom u titul guardam y lliuram de tot mal de cos y del ánima. Amén.

Bendición de casa nueva

A ti, Dios Padre omnipotente, rendidamente pedimos que bendigas nuestra entrada y te dignes santificar esta casa, así como quisiste bendecir la casa de Abraham y de Jacob, e hiciste habitar entre sus paredes a tus santos ángeles. Así mismo, haz que guarden bien y defiendan a los habitantes de esta casa de toda alma mala, a nuestro cuerpo defiendan de cualquier maleficio de Satán y sus satélites. Da, Señor, a esta casa la abundancia de virtud celeste y la multitud de dichas de esta tierra. Por Jesucristo nuestro Señor. Amén.

Conjuro contra duendes y brujas

V. En nombre del Señor sea nuestra ayuda.

R. Quien hizo el cielo y la tierra.

V. El Señor sea con vosotros.

R. Y con tu espíritu.

Oremos

Omnipotente y sempiterno Dios, que comunicaste tu gracia a tus sacerdotes para que en tu santo nombre se perfeccionasen e hiciesen creer en ti; nosotros rogamos a tu clemencia que nos visites y nos bendigas, como visitaste y le diste tu bendición a ellos, y que extiendas tu mano derecha hacia todo lo que tenemos que hacer para que sean ayuda de nuestra virtud y que por la invocación de tu Santo nombre huyan de aquí todos los malignos espíritus junto con sus satélites, y entren y ayuden a tus ángeles puros en esta casa, y guarden a sus habitantes para que puedan emplearse en tu santo servicio, sin temor de los enemigos, puesta la fe y confianza en ti.

Por Cristo nuestro Señor, Amén.

V. El Señor sea con vosotros.

R. Y con tu espíritu.

Fragmento del Santo Evangelio escrito por San Lucas

Señor, gloria a ti.

En aquel tiempo existía un varón llamado Zaqueo, que era príncipe de los publicanos y muy rico, el cual deseaba ver cómo era Jesús, pero no podía por ser muy pequeño de estatura. Entonces, corriendo se subió a un árbol sicomoro por el lugar donde había de pasar, y llegando Jesús a aquel sitio, llegó y le dijo: *Alégrate, Zaqueo, y baja, porque hoy quiero comer en tu casa contigo.* Entonces Zaqueo bajó corriendo y tuvo en ello mucha alegría. Viéndolo los otros, murmuraban diciendo: *Que extraño que franquease con un hombre tan pecador.*

Estando después Zaqueo con el Señor, le dijo: Señor, he aquí todos mis medios de riqueza y subsistencia; si he robado con usura a algunos, prometo devolverlo cuatro veces mayor. Entonces, Jesús le dijo que por eso había ido a su casa; para salvarle, y porque, siendo todos hijos de Abraham, había venido el Hijo del hombre a buscarle y hacerle salvo del modo que podía. -Alabanza sea dada a ti, Señor.

Por la virtud del Santo Evangelio que hemos dicho, desaparezcan y vuelvan a la nada todos los engaños, asechanza del enemigo infernal; y todas las cosas del maligno espíritu junto a su malicia, se marchen inmediatamente de esta casa. Amén.

Oremos

Señor Jesucristo, clamando por tu remedio y creyendo con esperanza en ti, dirige todos nuestros negocios hacia el bien, y da la felicidad en esta casa y quede permanentemente en ella, y así como al venir al mundo lo santificaste todo, y al ir a casa de Zacarías la llenaste de bendiciones con tu presencia corporal, asimismo bendice † y dígnate a santificar esta casa, para que sus habitantes, salvados con tu bendición, se alegren y sirvan contentos y te conozcan a ti, Señor, por único Salvador.

Por ti que vives y reinas con el Padre, el Hijo y el Espíritu Santo. Amén.

Conjuro

Contra vos, espíritu rebelde, habitante y arruinador de esta casa, por los méritos de las llagas de Cristo, invocando el auxilio divino y la virtud del dulcísimo nombre de Jesús, junto con el de la sagrada Virgen María, de los santos Ángeles y beatísimos Apóstoles, Mártires, Confesores y Vírgenes y todos los Santos; contra vos mando que sin demora te marchéis de esta casa haciendo disolver cualquier maleficio que hayáis echado vos, o cualquiera de vuestros ayudantes y cualquier maleficio yo lo disuelvo en nombre de Jesús de

Nazaret, y deseo que se disuelva; y te ato con el precepto formal de obediencia para que no puedas permanecer, ni volver a hacer venir a otros, y no puedas perturbar ni maleficiar en el fuego y azufre ardiendo por millares de años.

En el nombre de nuestro Señor Jesucristo que vive u reina con el Padre, el Hijo y el Espíritu Santo. Amén.

Ándese toda la casa haciendo cruces con agua bendita e instrumento cortante en cada pared de los aposentos, diciendo:

He aquí la cruz de nuestro Señor Jesucristo, Salvador del mundo; marchaos, espíritus contrarios.

Testament del Christia

Jo N. N. entrega la mía ánima en mans de mon Criador y Redemptor: el cos lo deixo perque se retituesca a al terra de la cual ha eixit; renuncio ab prompts ánimo lo bens, honras, delicias temporals, y solamente desitjo gosar de Vos, sumo bé meu y Senyor meu.

Tinch un gran dolor de mos pecats, per quant vos ha gravement ofés. Deu meu, a qui amo sobre todas las cosas, y prometo, ajudat de vostra divina gracia, esmerarme y donarvos una entera satisfacción.

Perdono tots los agravis, y demano humildement a toto lo que mon me perdone.

Crech tot lo que lasanta Iglesia católica me proposa creaure.

Esperó que vostra infinita misericordia, mon Deu, alcansaré la remisió de mos pecaas, y la vida eterna.

A Vos, verdader Deu Trino en Personas, sumo y únich bé meu, amo de tot mon cor, de tota la mía ánima, y ab totas más forsas.

Accepto de vostra má, y vos dono las gracias de totas las prosperitats y me someto totalmente a vostra divina Providencia y voluntat santíssima.

Aquesta es la mía última voluntat; en confirmación de la cual suplico me servescan, y me protrocinen ab son amigos, la benaventurada Verge María y tots los Samts Patróns meus.

Oració

Deu y Senyor notre, que havent mort de feridura lo benaventurat Andreu Avelino oferint en lo altra lo sont sacrifici de la missa li fereu gracia per vostra pietat de rebrel en lo etern Satuari de vostra gloria; dignauvos per vostra misericordia y per los seus mérits de tot perill en lo fi de nostra vida y corroborats an sants Sagraments, merescam esser rebuts ab total felicitat en lo etern Tabernacle de vostres servidors, per los mérits de Jescrist nostre Senyor, Amén.

Oració a Santa Elena

Lena, Lena, Lena, filla del Rey y Reyna, a Betlem sen van aná y a Judas van preguntá: Judas, dígasme la veritat de lo que serás preguntat: ¿ahont es la creu de Crist, y els tres Claus y la corona ahont son posats? —Elena, Elena; aixó jo no vos ho diré, perque yo no ho sé; Camineau y caminaréu, que una Mort encontraréu que vos ho dirá: Mort y mort; me dirá la veritat: ¿Le creu, corona y los tres Claus de Cristo ahont son posats? —Elena, Elena:

oixó jo ja vos ho dirá, perque encontraréu; un cácach y una cabá; cava y cavarás, que la creu, corona y los tres Claus de Cristo encontrará: lo un clau lo tirarás a la mar brava pelo pobres navegants, y aquella mar brava se va amansí; lo altre clau lo donarén a vostre fill Constanti per aquella batalla neque vencé; lo altre Claus es por vos, Elena; vos lo demando que me'l concediua mi N. y que apliqueu sobre… (lo que se vulga demanar). Aixís siga: Amén dirás tres veces Pare nostre per cada creu Romaní.

Oferiment: Santa Elena gloriosa, aqueixos nou Pare nostre y nou Ave Marías y nou Gloria Patri, y aqueixas tres oracions vos las oereixo per aquela alegría tan gran que tinguereu quan encontrareu la creu, la corona y los tres claus de Cristo; aiximateix vos demano que me'l conciu a mí N. N.; que me concediu de Jesucrist y la Santíssima Trinitat tot lo que me he demanat per… etc., etc., y todas la cosas y tot loque desitjo y pretench. Es la creu per mi salud, a la creu rendit adoro, en al creu tot mon socorro; guárdem Deu per sa mirtud. Y dirás Pare nostre a la Santísima Trinitat.

Oración del corazón agonizante de Jesús

¡Oh, misericordioso Jesús, abrasado en ardiente amor de las almas! Por las agonías de vuestro sacratísimo Corazón y por los dolores del de vuestra inmaculada Madre, os suplico que lavéis con vuestra preciosa sangre las manchas y errores de todos los pecadores que se hallan en la agonía y tienen que morir hoy. Amén.

Jaculatoria: ¡Oh corazón agonizante de mi amado Redentor! Tened misericordia de los infelices moribundos. Amén.

Oración a Jesús crucificado

Miradme, oh mi amado y buen Jesús, postrado en vuestra santísima presencia, os ruego con el mayor fervor imprimáis en mi corazón los sentimientos de fe, esperanza, caridad, dolor de mis pecados y propósito de jamás ofenderos;

mientras yo, con todo el amor y compasión de que soy capaz, voy considerando vuestras cinco llagas comenzando por aquello que dijo de Vos, oh mi Dios, el santo profeta David:

"¡Han taladrado mis manos y mis pies, y se pueden contar todos mis huesos!".

Otra para hacer fortuna

En nombre de nuestro Señor Jesucristo. Padre, Hijo y Espíritu Santo; sólo un Dios en esencia y trino en persona; yo te invoco Espíritu †, Espíritu, Espíritu bienhechor; para que seas mi ayuda, mi apoyo; protejas mi cuerpo y mi alma, acrecientes mis riquezas, seas mi tesoro por la virtud de la Santa Cruz, de la pasión y muerte del Todopoderoso; yo te requiero por todos los Ángeles de la corte celestial, por los padecimientos de la bienaventurada siempre Virgen María, y por el Señor de los ejércitos que ha de juzgar a los vivos y a los muertos.

Tú que eres alfa y omega, Emperador de los reyes, Juan, Abat, Enatil, Emacín, Sedobel, Mesías y todos los santos que te invocan, os suplico,

Señor Dios mío, por vuestra preciosa sangre que derramasteis para salvar al pecador; yo os adoro y os bendigo, y suplico os dignéis celebrar mis votos. Amén.

Tres Padrenuestros a la Santísima Trinidad y un Padre nuestro al Eterno Padre porque siga mis pasos. Amén.

Oración a San Francisco

¡Oh! Glorioso Padre San Francisco;
lleno de amor y caridad os he visto;
Cristo entregó las llagas a vos.

Rogad por el amor de Dios
que cuando yo muera,
vos seáis en mi cabecera;
mi alma la entrego a vos.

(Se pide lo que desea y se dice un Padre nuestro, un Ave María y un Gloria Patri).

Oración para librarse de los enemigos y la operación que se debe hacer

Dios y señor mío, acuérdate de mí y devuélveme, Dios mío, las antiguas fuerzas para que yo pueda vengarme de mis enemigos.

Con la mano izquierda se toma un limón y se dice lo siguiente:

Limón, has de saber que ningún mágico se ha puesto contra mí N. N., porque el rey Saday, este es el mágico conjurado desde el fondo de Anereoraene, pues en todos esos puede pedir homenaje.

Esto se hace 9 días seguidos y se dice 3 veces cuando se hace la operación, y luego el limón se tira al fuego, y si se hace al dar la medianoche es mejor, y cuando se tiene el limón y se le dicen las palabras siempre se mira al limón.

Utilidades espirituales y temporales del agua bendita, que se contienen en las oraciones con que se bendice

Son muchas y grandes las utilidades que consiguen los fieles con el Agua bendita cuando la toman o emplean devotamente, como leemos en las oraciones con que la bendice la santa Iglesia, para remedio de nuestras necesidades espirituales y corporales. Las principales son las siguientes:

Utilidades espirituales

1ª. Ahuyenta los demonios, tanto de las habitaciones como de las personas.

2ª. Preserva de los sustos y fantasmas del diablo.

3ª. Por ella se perdonan los pecados veniales.

4ª. Da fortaleza para resistir las tentaciones
y huir de las ocasiones de pecar.
5ª. Libra de los malos pensamientos.
6ª. Precave de las asechanzas internas y
externas del enemigo.
7ª. Nos facilita el favor y la asistencia del
Espíritu Santo, consolando y alegrando
el alma, excitándola a devoción y
disponiéndola para orar.

Utilidades temporales
1ª. Preserva de enfermedades.
2ª. Purifica el aire de todo contagio.
3ª. En fin, a todos los que la usan, da salud
en el alma y en el cuerpo. Supuesto el estado
de gracia, porque la puede aumentar por
fruto de su devoción.

Mas para conseguir todo esto, se ha de tomar
o usar el agua bendita, no por mera costumbre,
sino con fe viva, y uniendo nuestra intención con
la intención y la oración de nuestra Santa Madre

la Iglesia. De este modo la usaba Santa Teresa, y por esto, alcanzó por su medio tantos favores, como ella misma lo dice en el capítulo 31 de su vida, con estas palabras:

"De muchas veces tengo experiencia que no hay cosa con que huyen más los demonios para no volver, como el Agua bendita; de la Cruz también huyen, mas vuelven luego. Debe ser grande la virtud del agua bendita; para mí es particular y muy conocida consolación la que siente mi alma cuando la tomo. Es cierto que lo muy ordinario es sentir una recreación que no sabría yo darla a entender, como un deleite interior que toda el alma me conforta. Esto no es antojo ni cosa que me ha acaecido sólo una vez, sino muchas, y mirándolo con gran advertencia, digamos como si uno estuviese con mucho calor y sed, bebiese un jarro de agua fría, que parece que todo él sintió el refrigerio. Considero yo que gran cosa es todo lo que está ordenado por la Iglesia, y palabras, que así la pongan en el agua, para que sea tan grande la diferencia que hace a la que no es bendita".

Al tomarla se puede decir: Por virtud de esta Agua bendita, líbrame, Señor de todas mis culpas y pecados; y es también muy bueno rogar a Dios, al tiempo de tomarla, por conversión de los pecadores.

El Exemo. e Ilmo. S. Arzobispo de Valencia, D. Joaquín López Sicilia, por su decreto de 9 de abril de 1835, concede 80 días de indulgencia a todos los fieles por cada vez que lean este impreso o usen con devoción el Agua bendita. Lo actuales Ilmos. Sres. Obispos de Sagorbe y Albarracín han concedido 40 días de indulgencia cada uno a todos los fieles por cada vez que lean este impreso, rogando a Dios por las necesidades de la Iglesia y el Estado.

Copia de la relación que fue hallada en el Sepulcro de Ntro. Señor Jesucristo, cual copia tenía escrita en lámina de plata en su oratorio el rey D. Carlos II. Dice así:

"Habiendo Santa Isabel, reina de Hungría, hecho muchas y muy particulares oraciones a Nuestro Señor Jesucristo para que le fuese revelado todo lo sucedido en su santísima Pasión, Jesucristo le dijo con su propia boca:

«Querida hermana mía, sabrás que los soldados y ejecutores de la justicia que me prendieron
en el huerto fueron 105, los cuales me dieron en
la cabeza treinta puñetazos, además diéronme 102
empellones, con los cuales caí 70 veces hasta llegar
a la casa de Anás; a más diéronme cinco puntapiés
para hacerme levantar; me dieron 80 golpes en
la espalda y me tiraron por la trigésima vez. Fui
escupido en casa de Pilatos 33 veces; diéronme,
estando maniatado en la columna, 5030 azotes;
hiciéronme en el cuerpo cientos de agujeros, a
más me dieron diez empujones, con los cuales caí
otra vez en tierra; llevando la Cruz a cuestas me
dieron otros tres empujones mortales, y las gotas
de sangre que derramé fueron 30,660»".

Indulgencias

Todos los hombres que rezaren, en memoria de
lo que ello padecí, siete Padrenuestros y siete Ave
Marías, por espacio de doce años, hasta cumplir
el número de gotas que por ellos derramé, les
concedo cinco gracias:

1ª Indulgencia plenaria.

2ª Librarlos de las penas del purgatorio.

3ª Si muriesen antes de cumplir los
doce años, esperen como si los hubiesen
cumplido.

4ª Lo mismo que los mártires que han
derramado la sangre por mi amor.

5ª Esperen que yo bajaré del cielo a la tierra
a recibir su alma en compañía de los demás
parientes hasta el quinto grado, en caso
de hallarse en el purgatorio, y todas juntas
serán llevadas a mi patria para gozar la vida
eterna.

También dice que cualquiera que lleve consigo
esta relación será libre de demonio y no morirá
de la mala muerte; y la mujer que estuviese de
parto, si la lleva juntamente consigo, parirá sin
peligro alguno; y en la casa que estuviese antes
de su muerte verá a su santísima Madre.

Esta relación fue aprobada por los Tribunales
de la Santa Inquisición de España.

Para hacer esta devoción se deben rezar siete Padre nuestros y siete Ave Marías.

Jesús, María y José.

Oración

Señor mío Jesucristo: Tú, que por la redención del mundo quisiste nacer y ser sacrificado y reprobado por los judíos, y de Judas, discípulo tuyo, vendido y atado como cordero inocente; fuiste arrastrado a la muerte indignamente, presentado antes Anás, Caifás, Pilatos y Herodes; acusado por falsos testigos, con azotes y oprobios, perseguido, coronado con espinas, abofeteado, encarnecido con la caña, cubierto tu santísimo rostro y faz sagrada, despojado de tus vestiduras y atado en la inicuísima cruz, y en ella colgado y puesto entre dos ladrones, donde te dieron a beber hiel y vinagre, y fue herido y abierto tu costado: Ruégote, Señor mío, en virtud de tus santísimas penas de las cuales hago memoria, y por lo méritos de tu preciosísima Madre, me libre y guardes de las espantosísimas penas del infierno y asimismo seas servido de conducirme como condujiste al buen ladrón clavado en la cruz. Tú que reinas con el Padre y con el Espíritu Santo, en los siglos de los. Amén.

Esta oración está escrita en Roma con letra de plomo, en San Juan de Letrán, y dice que quien la rezare cuarenta días de rodillas, gana más mérito que si se azotase con mimbres o hiciese penitencia en el desierto.

Revelació que tingué Sant Joan en la Isla de Pathmos, la cual fou aprobada per la Iglesia en lo Sagrat Concili Efessino, en lo cap. XVI

Etart, pues, Sant Joan, después de la Assumpció de María Santíssima al cel, desconsolat y trist per sa ausencia, suplicará al Senyor, que per son consol li dexés, verue a aquella Reina Santíssima. Ohí Deu Senyor Nostre sa petició y están arrebatat en esperit lo Apóstol, veu allí en lo Cel cerca de son santíssim Fill, molt gloriosa y resplandent María Santíssima, y ohí que stava suplican a son Fill, que concedís de sa ama poderosa singulars gracias y favors als que ab devoció se aplicaría en la contemplación y memoria del set mes principials Dolors que esa había patit en la sua vida, passió y mort; y Cristo Senyor Nostre, que Jamay se nega a las súplicas de aquella Senyora, li respongué: Mare y Senyora mía, inclinarme a vostra petició vos prometo.

Primerament que qualselvo persona que ab-devoció tendrá memoria dels vostre set Dolors, y en reverencia de ells vos saludarpa ab set Pare nostre y set Ave Marías, li conservaré un cor humil y encés en mon diví amor.

La segunda gracia será: que lo lliuraré de la vista del dimonei en la hora de la sua mort.

La tercera, tendrá igual mérit y premi en la Gloria, com si ab una ápera penitentia me hagués servit en lo deser per espay de quarenta anys.

La quarta, li donar; gracia y forza pera que en las tentacions del Domoni quedi Semper triunfant.

La quinta, no li serán tan sensibles las penas del purgatori.

La sexta, li concedirá indulgencia de sus pecats, y que porti en son cor impresa la mía pació.

La séptima y última será que allá en la Gloria li donaré doblada corona y premi.

¡Oh promesa de un Fill que per las atencions de sa dolorida Madre son las mes benignas per nostre consol!

Oración

San Daniel, especial abogado de las pestes y guía de los caminantes y navegantes y de los que necesitan tener noticias de ellos. Sus reliquias se veneran en su propio altar, en la parroquia mayor de Santa Anna de Barcelona. Su fiesta es el día 3 de febrero.

Santo mío de Dios amado, líbranos a todos de los engaños del siglo, de enfermedades, pestilencias, agudas fiebres y pérdidas del cuerpo y del alma, para la gloria de la Majestad Divina, a quién por tu intercesión, oh Santo mío, suplicamos nos conceda lo que pedimos.

Amén.

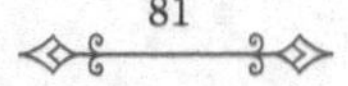

Luego se hará al Santo la súplica de la gracia y favor que más se pretende alcanzar, y se concluirá rezando siete Padre nuestros y siete Ave Marías.

Los cuatro Evangelios

Se exhorta a llevarlos todos consigo, porque se sabe que son maravillosísimos contra todos los males, estando en gracia de Dios.

Nuestro Santísimo Padre Pío VI concedió muchos días de indulgencias a todos los fieles que devotamente alaben al Santísimo Sacramento, y mucho más todos los jueves del año y toda la octava de Corpus; como también indulgencia plenaria confesando y comulgando cada mes.

Los que en el mundo habitamos
mientras que la vida dura,
siempre en el peligro estamos;
no hay punto ni hora segura,
y a hacer la experiencia vamos.
Quien se quiera preservar,
aunque en el peligro esté,

acostumbre a atesorar
los Evangelios con fe,
que es defensa singular.
Esta reliquia preciosa
sirve contra hechicerías
y nube tempestuosa,
y contra las brujerías
es defensa prodigiosa.
Al cristiano temeroso,
libra esta reliquia bella
del terremoto espantoso,
del rayo y la centella,
y del huracán furioso.
Y pues hay ejemplos tantos,
que esta reliquia preserva
del demonio y sus encantos,
dichoso aquel que conserva
los cuatro Evangelios santos.
Lucas, Juan, Marcos, Mateo,
nos libren de todo mal,
hasta gozar el recreo
de la Patria Celestial,

a medida del deseo.
Amén.

Evangelio de San Lucas

En aquel tiempo saliendo Jesús de la Sinagoga entró en casa de Simón, cuya suegra estaba con gran calentura, y le pidieron por su curación. Y Jesús, puesto en pie, junto a la enferma, mandó a la fiebre, y la fiebre la dejó y levantándose luego les servía. Puesto el sol, todos los que tenían enfermos con diferentes enfermedades se los llevaban; y él, poniendo sobre cada uno las manos, los curaba.

Evangelio de San Mateo

En aquel tiempo fue llevado Jesús al desierto por el Espíritu Santo para que fuese tentado por el diablo; y habiendo ayunado cuarenta días con cuarenta noches, tuvo hambre y acercándose al tentador, le dijo: Si eres Hijo de Dios, haz que estas piedras se conviertan en pan.

Y le respondió diciendo: Está escrito: No de pan sólo vive el hombre, sino de toda palabra que sale de la boca de Dios. Entonces le trasladó el diablo a la santa ciudad y le puso en la cumbre del templo, y le dijo: Si eres Hijo de Dios, échate de ahí abajo, porque está escrito que ha mandado a sus ángeles a cuidar de ti, y te llevarán de las manos para que tu pie no tropiece acaso en alguna piedra. Díjole Jesús: También está escrito: No tentará al Señor tu Dios. Segunda vez le trasladó el diablo a un monte muy elevado, y le dijo: Todas estas cosas te daré, si postrándote me adorares. Entonces le dijo Jesús: Retírate, Satanás, porque está escrito: Adorarás al Señor tu Dios y a él sólo servirás. Entonces le dejó el diablo y luego llegaron los ángeles y le servían.

Evangelio de San Juan

En el principio era el Verbo, y el Verbo estaba en Dios y el Verbo era Dios. Él estaba en el principio en Dios. Todas las cosas fueron hechas por él, y nada de lo que ha sido hecho se hizo sin él. En él estaba la vida, y la vida era la luz de los hombres; y la luz luce en las tinieblas; pero las tinieblas no la comprendieron. Hubo un hombre enviado de Dios que se llamaba Juan. Este vino como testigo, para dar testimonio de la luz a fin de que todos creyesen por él. No era la luz, pero vino a dar testimonio de la luz. El Verbo era luz verdadera que ilumina a todo hombre que viene a este mundo. Él estaba en el mundo, y el mundo fue hecho por él; pero el mundo no le conoció. Vino a lo que era suyo, y los suyos no le recibieron; mas a todos los que lo recibieron, dio el poder de hacerse hijos de Dios, a aquellos que creyeron en su nombre; que no nacieron de la sangre, ni de la voluntad de la carne, ni de la voluntad del hombre, sino de Dios. Y el Verbo se hizo carne, y vivió entre nosotros y vimos su gloria, como la gloria del Unigénito del Padre, lleno de gracia y verdad.

Evangelio de San Marcos

En aquel tiempo se apareció Jesús a los once Apóstoles cuando estaban a la mesa, les reprendió su incredulidad y la dureza de su corazón, porque no creyeron a aquellos que le habían visto resucitado. Y les dijo: Id por todo el mundo y predicad el Evangelio a todas las criaturas. El que creyese y fuere bautizado se salvará, pero el que no creyese se condenará. Y ved aquí los milagros que harán los que creyeren. En mi nombre lanzará los demonios; hablarán lenguas nuevas; tomarán con las manos las serpientes; y si beben algún licor venenoso no les hará daño; pondrán las manos sobre los enfermeros, y estos serán curados.

Oració de Sant March pels esllomats

> Gloriós Sant March,
> benaventurat,
> de la font nasquereu,
> de la fon sou nat,
> d'aquella font tan pura,
> corareu de llomadura
> al qui en vos confía aviat,
> y'l nom de Deu sia alabat.

Oración para dar gracias con cuarenta días de indulgencia

Sumamente agradecido, Omnipotente y Eterno Dios, os adoro, alabo y bendigo vuestro santísimo nombre, por la merced que me hicisteis, siendo un vil gusanillo, en permitir que tuviese en mis manos pecadoras el Cuerpo sacramentado de vuestro unigénito Hijo. Y Vos, mi amado Jesús, que no mirando mis culpas, os habéis, Señor dignado a hospedaros en mi pecho, dándome vuestra bendición y gracia para alabaros, y seros agradecido a tan alto beneficio, haced que esta Comunión sea destierro de mis vicios y freno que ponga rienda a mis torpes apetitos; sea aumento de humildad, caridad y demás virtudes que pide mi profesión; sea escudo, que me defienda de todos mis enemigos, y quien gobierne mis obras, palabras y pensamientos, porque pueda hacer en todo vuestra voluntad.

Últimamente os ruego, que asistáis a toda la Iglesia y la gobernéis, acrecentéis y prosperéis a sus hijos con la salud del alma y del cuerpo, y firme paz y concordia entre los príncipes cristiano, que nos deis bienes temporales y frutos de mar y tierra; que reprimáis y humilléis a todos sus enemigos, visibles e invisibles; que desterréis los errores, escándalos y herejías, y convirtáis a la Fe a todo el linaje humano.

Oración para preservarme de todo mal particularmente del poder y artificios del maligno espíritu

Dios mío, cuyo principio es apiadarse y perdonar al pecador, acoged benigno mi plegaria, y haced por vuestra clemencia y piedad que yo y cuantos estén atados con el lazo de la culpa sean desatados y absueltos; también os ruego, Señor, que mediante la intercesión del mártir San Cipriano seamos libres de todo maleficio y poder del maligno espíritu. Amén.

Oración

Bienaventurada Madre del Señor, puerta del cielo siempre abierta, astro hermoso, que sirve de guía a los pecadores que navegan en el mar borrascoso de este mundo; tú que con pasmo de la naturaleza concebiste y pariste a su Creador, Virgen y santa Virgen, que recibiste la salutación del Arcángel Gabriel, acuérdate de los miserables pecadores que acuden a ti como a su refugio. Amén.

Nueve Ave Marías.

San Luis Beltrán que cura todo mal

Devoción y prerrogativa con que el padre San Luis Beltrán curaba de todas las enfermedades y ahora pido a Dios Nuestro Señor por su misericordia que cure y sane a N. N. esta enfermedad que padece.

Criatura de Dios, yo te curo y bendigo en nombre de la Santísima Trinidad. Padre † Hijo † Espíritu † Santo, tres personas distintas y una esencia verdadera y de la Virgen María Nuestra Señora concebida sin mancha original del parto † y por la gloriosa santa Gertrudis, tu querida y regalada esposa, once mil Vírgenes, San Roque y San Sebastián y por todos los Santos y Santas de la Corte Celestial; por tu gloriosísima Encarnación, gloriosísimo Nacimiento † santísima Pasión † gloriosísima Resurrección † Ascensión † por tan altos y santísimos Misterios que creo firmemente y son verdades del Evangelio.

Suplico a tu Divina Majestad, poniendo por intercesora a la Santísima Madre y abogada nuestra; libres y sanes a esta, a tu afligida criatura N. N. de la calentura, etc. (se cita la enfermedad) y de otra cualquier enfermedad que sea. Amén. Jesús † Jesús † Jesús.

Criatura de Dios, yo te curo y te ensalzo, y Jesucristo nuestro Redentor te sane y bendiga, y haga su santísima voluntad. Amén. Jesús †, Jesús, Jesús, Jesús.

Consummatum est †. Consummatum est †. Consummatum est †. Amen. Jesús.

Un credo a la intención del que ejerza esta obra.

A la Virgen de la Soledad

Estoy delante de ti
Virgen pura y sacrosanta,

y al no considerarme aquí
no sé lo que pasa en mí,
ni acierto a mover la planta.

Yo no sé quién me ha traído
a este lugar solitario;
sólo sé que conmovido
hoy tus huellas he seguido
hasta el monte del Calvario.

Pero tan turbado estoy
al vernos aquí los dos
que enojos pienso te doy
siendo yo, Virgen quien soy
y tú, la Madre de Dios.

Y mi corazón en llanto
se mire al punto deshecho
viendo tan duro quebranto
¡Oh, Madre! ¡Bajo tu manto
hallara alivio mí pecho!

Tú también lloras, María;
y este llanto que derramaras
diciendo está al alma mía
que eres tú la que me llamas
al llorar en tu agonía.

¡Sí! Que cuando en orfandad
tu pecho angustiado llora,
fuera impía crueldad
en tu amarga soledad
abandonarte, Señora.

Por esto, aunque con temor,
Vengo a pedir tu licencia
¡oh, Madre del Redentor!
para llorar mi dolor,
Virgen pura, en tu presencia.

Yo bien sé que indigno soy
de venir a hablar contigo;
mas de tus pies no me voy

si cuenta fiel no te doy
del hondo pesar que abrigo.

Aquí tienes al autor
de tus dolores, María;
¡al ingrato pecador
que te robó tu dulce amor,
tu contento y alegría!

Yo soy aquel inhumano,
sacrílego y homicida,
clavó en madero villano
al Redentor soberano
que es el autor de la vida.

Mis pecados son, Señora,
los que alzaron esta Cruz
que sangre de un Dios colora,
y dieron muerte traidora
al inocente Jesús.

Y pues la ofendida eres,

y yo el reo criminal;
haz, Virgen, lo que quieres
con el más vil de los seres
que es la causa de tu mal.

Mas tu llanto de agonía
me está diciendo en tu faz,
que, aunque mi culpa es impía,
no eres tú mi juez, María,
sino ángel de amor y paz.

Hoy a tu bien has perdido,
y no puedes olvidar
que el amor al hombre ha sido
el que en sangre ha convertido
de la Virgen el altar.

Aunque mis pecados son
la causa de tus dolores,
tú me darás tu perdón,
cual lo di en la Redención
Jesús a los pecadores

Tú le oíste que al morir
para sus verdugos mismos
perdón al cielo pedir,
cuando pudo confundir
su maldad en los abismos.

Y en ti con ansioso afán
sus amantes ojos fijos,
Madre haciéndose de Juan,
te dio en adopción por hijos
los pobre hijos de Adán.

Yo bien quisiera poder
aliviar tu corazón
de tan duro padecer,
pero es muy pobre mi ser
y muy grande tu aflicción.

Sé que no puedo aliviar,
Madre, tus fieros dolores:
mas quiero a tus pies estar

para contigo llorar
al hijo de tus amores.

Yo, llorando arrepentido
las culpas que cometí,
lograré el perdón que pido
un Dios que ha muerto por mí.

Y tú llorando afligida
a tu dulcísimo Bien
que murió por darnos vida,
dulcificará tu herida
vernos gozar de aquel bien.

Pide al cielo, Madre mía,
tenga nuestro corazón
horror a la culpa impía,
y la sangre de este día
nos sirva de salvación.

Pídele, Madre y Señora,
del pecador esperanza;

pues una madre que llora
por el Hijo a quien implora,
los imposibles alcanza.

Y haz que al triste desgraciado
que llore aquí, Madre mía,
perdone Dios su pecado,
por haber acompañado
la Soledad de María.

Oración a San José

A vos, bienaventurado San José, acudimos en nuestra tribulación, y después de implorar el auxilio de vuestra santísima Esposa, solicitamos también confiadamente vuestro patrocinio. Por aquella caridad que con la inmaculada Virgen María Madre de Dios os tuvo unido, y por el paterno amor con que abrazasteis al Niño Jesús; humildemente os suplicamos que volváis benigno los ojos a la herencia que con su sangre adquirió Jesucristo, y con vuestro poder y auxilio socorráis nuestras necesidades.

Proteged, ¡oh providentísimo custodio de la Divina Familia!, la escogida descendencia de Jesucristo; apartad de nosotros toda mancha de error y de corrupción; asistidnos propicio desde el Cielo, fortísimo libertador nuestro en esta lucha con el poder de las tinieblas y como en otro tiempo librasteis al Niño Jesús de inminente peligro de vida, así ahora defended la Iglesia Santa de Dios de las asechanzas de sus enemigos y de toda adversidad, y a cada uno de nosotros protegednos con perpetuo patrocinio, para que a ejemplo vuestro, y sostenidos por vuestro auxilio, podamos santamente vivir y piadosamente morir, y alcanzar en los cielos la eterna bienaventuranza. Amén.

Nuestro Stmo. Padre León XIII, en su Carta encíclica de 15 de agosto de 1889, recomienda y aun prescribe la precedente oración, especialmente después del Santo Rosario, durante el mes de octubre, y ha concedido una indulgencia de siete años y siete cuarentenas a los fieles por cada vez que la recen devotamente.

Oración de Nuestro Señor Jesucristo

Oración dedicada al Rastro de la Pasión cuando le llevaron a crucificar en el monte Calvario, y desconsuelo de la Virgen santísima buscando a su Hijo, encontrándole en el tránsito de la calle de amargura, los cuales únicamente con los ojos se saludan.

Jesucristo se ha perdido,
la Virgen le va a buscar,

de huerto en huerto,
de rosal en rosal.

Debajo de un rosal blanco
un hortelanito está;
Hortelanito, por Dios,
dime la pura verdad,
si a Jesús el Nazareno
por aquí has vistos pasar.

Sí, Señora, que lo he visto,
antes del gallo cantar.

Una cruz lleva en sus hombros
que lo hacía arrodillar,
una corona de espinas
que lo hacía traspasar,
una soga en la garganta
que de ella tirando va;
entre judíos y judíos
bien acompañado va.

Caminemos, Virgen pura,
para el monte del Calvario,
que por presto que lleguemos
ya le habrán crucificado.

Ya le clavan los pies,
ya le clavan las manos,
ya le tiran la lanzada
en su divino costado;
la sangre que derramaba
está en el cáliz sagrado;
el hombre que la bebiere
será bienaventurado,
será rey de este mundo
y en el otro coronado.

Quien esta oración diga
 todos los viernes del año,
sacará un alma de pena
y la suya de pecado;
estará feliz mientras viva

y de toda mala infestación guardado.
Quien la sabe y no la dice
quien la oye y no la aprende,
el día del juicio,
verá lo que pasa en él.
Amén. Jesús.

"Tres credos a Cristo crucificado y un Salve".

Ludovico Blosio

Refiere Ludovico Blosio en su capítulo 21: Primero, que el mismo Señor Jesucristo dijo en espíritu a un amigo suyo, que cualquier persona de buena voluntad que, con humildad y diligencia, se ocupare en leer o meditar la sagrada Pasión, sacará varios provechos, y podrá resistir y destruir a sus enemigos tanto visibles como invisibles, y alcanzar el triunfo de todas las cosas.

Segundo, que ninguna cosa le negará de las que le pidiese con verle razonable y conveniente.

Diga muchas veces con el corazón y el pensamiento a Dios: *Bonum mihi, quia humiliasti me. Cor contritum et humillatum Deus non despicies.*

Dando infinitas gracias después de quedar libre de sus enemigos o de las desgracias o infestación diabólica, etc.

Repítase con devoción la oración siguiente:

Dios Santo, Santo Fuerte, Santo e inmortal, ten misericordia de mí, Santo en la creación, en el gobierno, en la redención. Santo en la Gracia, en la misericordia, en la justicia. Santo en el cielo, en la tierra, en el infierno. Santo, glorificando los Ángeles, justificando los hombres. Santo, castigando los demonios. Santo antes de los siglos. Santo en el tiempo. Santo en la eternidad.

Santo el Padre unigénito; Santo el Hijo engendrado; Santo el Espíritu Santo, procediendo del Padre y del Hijo, Santo, Santo, Santo es el Señor Dios de los ejércitos; llena está la tierra de su gloria. Amén. Jesús.

"Tres Padrenuestros a la Santísima Trinidad y un Credo".

Advertencia

No hay cosa más agradable y gloriosa para Dios que esta repetición fiel, devota y perpetua, ni cuchillo más riguroso para el demonio, como se colige del capítulo 119 del *Prado Espiritual*. Válgase también de la intercesión de la Virgen y Madre de Dios; singular protectora y abogada de los afligidos, diciendo lo siguiente:

Oración

Madre de toda piedad, acordaos que mientras que el mundo es, no se sabe que hayáis dejado sin consuelo a quien llegó a pedírosle: no se ha oído jamás decir que quien llegó a vuestros ojos con miseria dejase de salir de vuestra presencia soberana sino remediado; y así confiado en vuestra piadosas entrañas y liberal condición, me arrojo a vuestro pies; no queráis, oh madre del Verbo y Palabra eterna, despreciar mis ruegos y súplicas, sino oídme y otorgadme lo que con lágrimas de mi corazón os suplico, etcétera.

Con esta oración, alcanzó el Venerable Francisco Salesio victoria en una gravísima tentación del demonio, y los energúmenos pueden también esperarla.

Por la señal de la Santa Cruz † de nuestros enemigos † liberad, Señor Dios, esta nuestra casa y a todos los que vienen en ella. Os lo pedimos en el nombre de Padre, del Hijo y del Espíritu Santo. Amén.

Otra

¡Oh, santísima Cruz! ¡Oh, inocente y piadoso Cordero! ¡Oh, pena grave y cruel! ¡Oh, pobreza de Cristo, mi Redentor! ¡Oh, llagas muy lastimadas! ¡Oh, corazón traspasado! ¡Oh, Sangre de Cristo derramada! ¡Oh, muerte de Cristo amarga! ¡Oh, dignidad de Dios digna de ser reverenciada! Ayudadme, Señor, para alcanzar la vida eterna. Amén.

Jaculatoria

Bendita, alabada y adorada sea la purísima y preciosísima Sangre de Nuestro Señor Jesucristo.

Sea para siempre bendita, alabada y adorada ahora y en todos los siglos.

Amén. —Padre nuestro, Ave María y Gloria Patri por las necesidades de la Iglesia, del Sumo Pontífice y de la Europa.

Otra

Jesús tengo en el corazón. Jesús tengo en la boca. Jesús me defiende el alma y la casa. (Todo se dice tres veces).

Otra

Jesús sea mi guía. Jesús sea mi defensa. Jesús sea mi recompensa. Bendito y alabado sea el sagrado corazón de Jesús. Amén. (Se dice tres veces).

Oración a la Santísima Trinidad

En nombre del Padre † del Hijo † y del Espíritu Santo †. Amén.

Por el Poder de la Santísima Trinidad, y por el poder del Creador, tenga yo virtud y poder de deshacer encantamientos, ligamentos, hechizos, obcecamientos, posesiones y todo mal y todo mal dado o tirado en cualquier maleficio.

Que todas las acciones de los ladrones, traidores y toda clase de enemigos queden destruidos por mí N. N. en virtud y poder de mi Ángel protector y Dios el Creador.

Que seamos guardados mi familia y yo, y demás personas que quieren mi bien; y los enemigos y los contrarios por el poder del Creador y por el que me dejó San Cipriano y el Redentor, queden ligados y cortados de sus pasos, pensamientos y acciones.

Por el poder de la Santísima Trinidad y el Ángel, cuando me convenga quede invisible o multiplicado.

Por el poder que tuvo sobre el rey Faraón José y su hermano Benjamín, quede yo siempre libre y en victoria sobre mis enemigos.

Por el poder que tuvo el gran Cipriano, y Santa Justina, y por la gloria, poder y virtud de San Agustín que fue consagrado por el Redentor y la Virgen del Carmen, tenga yo también propiedad, virtud y fuerzas, siendo salvado por la Cédula del Carmen, y porque soy criatura que llevo la sangre de Jesús. Amén.

Todos mis enemigos queden ligados y derrotados, y el mal espíritu y su poder. Amén.

Gloria Patri, et Filio, et Spiritu Sancto. †††

¡Gloria in excelsis Deo!

Se rezan tres Padrenuestros y Ave María a la Virgen del Carmen para que nos dé la Cédula de salvación. Amén.

Oración para tener buena compañía

A la voz del cielo y la tierra te entiendo, Señor, y a Jesús de Nazaret, justo Juez de Nazaria, Hijo de la Virgen María, fuiste nacido en el monte Jogol de Nazaria. Glorificado Señor entre judería, os ruego, piadosísimo Señor que por este santo día y noche el cuerpo de N. N. no se vea preso ni herido ni muerto, acompañadnos, Señor; *Pax tecum domini*, acompañadnos; Señor, dijo Jesús a sus sagrados discípulos: Id y venid delante de mí para defenderme; ojos tengan y no nos vean; oídos tengan y no nos oigan; manos tengan y no nos agarren; pies tengan y no nos alcancen; con la sangre de nuestro Señor Jesucristo voy bañado, con la leche de María Santísima desde la puerta de Belén a la puerta de Jerusalén con los tres clérigos revestidos, con los cálices bendecidos, con las tres hostias consagradas, así como resucitasteis al tercer día, que yo N. N. me vea en mi casa, y por donde quiera que vaya con aquella gran alegría, la que vos tuvisteis en el vientre virginal de María Santísima a la cual pondré por mi defensora, y rezaré tres Credos al Señor, tres Salves a María Santísima para que me acompañe por donde quiera que vaya. Tres Padrenuestros a los Apóstoles porque así como acompañaron a Jesús en el huerto de Getsemaní, me acompañen a mí por donde quiera que vaya. Amén.

Oración per curar el Cranch o Cáncer

El Cáncer y Jesucrist se'n van a Raoma; el Cáncer se'n va y Jesucrist torna, y viva Cristo.

Mori el Cáncer y visca la fe de Jesucrist.

Salutación a las Sacratísimas llagas de Nuestro Señor Jesucristo

A la del pie izquierdo

Salúdote, oh santísima llaga de mi Señor Jesucristo, y os pido, Señor, por ella, me perdonéis cuando os he ofendido con todo mis pasos y movimientos.

Padre nuestro, Gloria Patri.

A la del pie derecho

Salúdote, oh santísima llaga de mi Señor Jesucristo, y os pido, Señor, por ella, me perdonéis cuando os he ofendido con mi vista y demás sentidos.

Padre nuestro, Gloria Patri.

A la mano derecha

Salúdote, oh santísima llaga de mi Señor Jesucristo, y os pido, Señor, por ella, me perdonéis cuando os he ofendido con el mal empleo de mi memoria, entendimiento y voluntad.

Padre nuestro, Gloria Patri.

A la del santísimo costado

Salúdote, oh santísima llaga de mi Señor Jesucristo, y os pido, Señor, por ella, que así como fue herido vuestro corazón con el hierro de la lanza, y el de vuestra Madre dolorosísima con el cuchillo de su dolor, así penetren en el mío vuestras soberanas luces, para siempre amaros y nunca más ofenderos, queriendo antes morir que pecar. Amén.

Exorcismo contra Satanás y los ángeles apóstatas mandados publicar por nuestro santísimo Padre León XIII

En el nombre del Padre y del Hijo y del Espíritu Santo. Amén.

Ps. LXVII

"Levántese Dios, y sean disipados sus enemigos y huyan de su presencia los que le aborrecen".

"Desaparezcan como el humo. Como se derrite la cera al calor del fuego, así perezcan los pecadores a la vista de Dios".

Ps. XXXIV

"Juzga, oh, señor, a los que me dañan; derriba a los que pelean contra mí".

"Confundidos sean y avergonzados los que atentan contra mi alma".

"Queden deshechos como polvo ante la furia del vendaval, y estréchelos el Ángel del Señor".

"Sea su camino tinieblas y despeñadero, y el Ángel del Señor vaya a su alcance".

"Ya que sin causa me armaron a escondidas el lazo de muerte y escarnecieron injustamente a mi alma".

"Caiga en el lazo que menos piensa y en la trampa que él mismo armó en celada, y quede cogido en el mismo lazo".

"Mi alma se regocijará en el Señor, y en su Salvador se gozará".

Gloria Patri, et Filio, et Spiritu Sancto.

Sicut erat in principio et nunc et semper, et in secula sæculorum. Amén.

Oración a San Miguel Arcángel

¡Oh príncipe glorioso de la milicia celestial, San Miguel Arcángel! Defiéndenos en la batalla "y la lucha que traemos contra los príncipes y potestades, contra los adalides de estas tinieblas del mundo, contra los espíritus malignos que andan en el aire" (Efe. 6). Ven a socorrer a los hombres, a quienes "creó Dios inmortales y los formó a su imagen y semejanza y los compró a gran precio", de la tiranía del demonio. (San Pablo, 2 Cor. 6). Lucha hoy, con el ejército de los Santos Ángeles, las batallas del Señor, como peleaste un tiempo contra el capitán de la soberbia, Lucifer, y sus ángeles apóstatas: "y no prevalecieron ni quedó ya para ellos lugar ninguno en el cielo". Mas aquel dragón descomunal, aquella serpiente que se llama Diablo y Satanás, que anda engañando a la tierra y sus ángeles con él.

He aquí que este antiguo enemigo y "homicida" del género humano se ha envalentonado extrañadamente. Transfigurándose en ángel de luz, va cercando con toda la caterva de espíritus malignos y ocupa ya toda la redondez de la Tierra para borrar de ella el nombre de Dios y de su Cristo, y robar las almas creadas para la corona de la gloria inmortal y despedazarlas y despeñarlas en la eterna perdición. Este dragón maléfico derrama, a manera de torrente asquerosísimo, la ponzoña de su maldad y la transfunde en hombres de inteligencia depravada y de corrompido corazón; espíritu de mentira, de impiedad y de blasfemia, hálito mortífero de lujuria y de todo linaje de vicios y pecados.

Enemigos astutísimos han llenado de amargura y embriagado con absintio a la Esposa del Cordero Inmaculado, la Santa Iglesia: en todo lo más sagrado y precioso han puesto sus manos impías. En el lugar donde está asentada la silla del bienaventurado San Pedro y la Cátedra de la verdad para alumbrar a todas las naciones, ahí han puesto el trono de su abominable impiedad.

Ea, pues, invictísimo Capitán, ayuda al pueblo de Dios contra el ejército invasor de los espíritus malvados y danos la victoria. A ti venera por su guarda y patrón la Iglesia Santa, a ti clama por defensor contra los nefandos poderíos de la tierra y del infierno; a ti ha encomendado el Señor las almas de los redimidos, que han de tomar asiento en la bienaventuranza soberana. Ruégale al Dios de la paz, que quebrante a Satanás debajo de nuestros pies, a fin de que no pueda en adelante tener cautivos a los hombres, ni hacerle daño a la Iglesia. Ofrece nuestras súplicas en el acatamiento del Altísimo para que pronto nos salgan al encuentro las misericordias del Señor y Tú prendas fuego al dragón, a la serpiente antigua, que es el Diablo y Satanás, y atado lo arrojes al abismo "para que no engañe más a la gente" (Apoc. o Rev. 20).

Y así, confiados en tu patrocinio y tutela con la sagrada autoridad de nuestro ministerio, vamos con toda la confianza y seguridad, a repeler las manifestaciones y engaños diabólicos, en el nombre de nuestro Dios y Señor Jesucristo.

V. Ved aquí la Cruz del Señor, huid, ejércitos enemigos.

R. Venció el León de la tribu de Judá, el descendiente de David.

V. Venga, Señor, tu misericordia sobre nosotros.

R. Así como hemos en ti esperado.

V. Señor, escucha mi oración.

R. Y mi clamor llegue a tus oídos.

V. El Señor sea con vosotros.

R. Y con tu espíritu.

Oración

¡Oh, Dios y Padre Nuestro Señor Jesucristo! Invocamos vuestro santo nombre, y humildemente suplicamos a vuestra clemencia que, por la intercesión de la inmaculada siempre Virgen María, Madre de Dios; de San Miguel Arcángel; de San José, esposo de la misma bienaventurada Virgen; de los Santos Apóstoles San Pedro y San Pablo y de todos los Santos, os dignéis prestarnos vuestro auxilio contra Satanás y todos los demás espíritus inmundos que para la ruina del género humano y perdición de las almas andan esparcidos por la tierra. Amén. Por el mismo Jesucristo nuestro Señor. Amén.

Exorcismo

Os conjuramos a todos y cada uno de vosotros, espíritus inmundos, potestades satánicas, incursiones del infernal enemigo, todas las legiones, todas las sectas, todos los ejércitos diabólicos que, en el nombre y virtud de nuestro Señor Jesucristo, os desarraiguéis de cuajo y huyáis bien lejos de la Iglesia de Dios y redimidas con la preciosa sangre del Cordero divino †. En adelante, jamás te atrevas, astutísima serpiente, a engañar al linaje humano, a perseguir a la Iglesia de Dios, a molestar y zarandear como trigo a los escogidos de Dios. Así te lo manda el Dios Altísimo† a quien, en tu gran soberbia, todavía presumes ser semejante, y que "desea que todos los hombres se salven y vengan al conocimiento de la verdad". (1 Tim. 2). Mándatelo Dios Padre †, mándatelo Dios Hijo †, mándatelo Dios Espíritu Santo †, mándatelo la majestad de Cristo. Verbo eterno de Dios, hecho carne † que, por la salvación de nuestro linaje, perdido a causa de tu perfidia, "humillose a sí mismo, hecho obediente hasta la muerte" (Fil. 2); y edificó su iglesia sobre la firme roca, prometiendo que contra ella jamás prevalecerán las puertas del infierno y que permanecería con ella "todos los días hasta la consumación de los siglos" (Mat. 28:20). Mándatelo el Sacramento de la Cruz †, y la virtud de todos los demás misterios de la fe cristiana †. Mándatelo la excelsa Madre de Dios, Virgen María †, que desde el primer instante de su inmaculada Concepción quebrantó tu cabeza con su humildad. Mándatelo la fe de los Santos Apóstoles San Pedro y San Pablo, y los demás Apóstoles †. Mándatelo la sangre de los Mártires y la piadosa intercesión de todos los Santos y Santas †.

Conque, dragón maldito, legiones todas diabólicas, os conjuramos por el Dios † vivo, por el Dios † verdadero, por el Dios santo, por el Dios que "así amó al mundo, que le dio a su Unigénito Hijo, para que todo el que creyere en Él no perezca sino que alcance la vida eterna" (Juan 3); acaba de seducir a las humanas criaturas y de proporcionarles el veneno de la eterna perdición; cesa de dañar a la Iglesia, enemigo de la salvación de los hombres. Deja obrar a Cristo en quien nada hallaste de tus obras; deja obrar a la Iglesia, única, santa católica y apostólica, a la cual ganó el mismo Cristo con su sangre. Humíllate bajo la poderosa mano de Dios; estremécete y huye a la invocación del santo y terrible Nombre de Jesús, ante quien tiemblan los infiernos y están sujetas las Virtudes y las Potestades y las Dominaciones de los cielos; a quien los Querubines y Serafines alaban en incesante coro, diciendo: Santo, Santo, Santo, el Señor Dios de los ejércitos.

V. Señor, escucha mi oración.

R. Y mi clamor llegue a tus oídos.

V. El Señor sea con vosotros.

R. Y también con tu espíritu.

Oración

Oh Dios del Cielo, oh Dios de los Arcángeles, oh Dios de los Patriarcas, oh Dios de los Profetas, Oh Dios de los Apóstoles, Oh Dios de los Mártires, Oh Dios de los Vírgenes, Oh Dios que tenéis poder para dar vida después de la muerte y descanso tras el trabajo; porque no hay ni puede haber ningún Dios fuera de Vos, Creador de todas las cosas visibles e invisibles, cuyo reinado no tendrá fin: suplicamos humildemente a la majestad de vuestra gloria, que os dignéis librarnos poderosamente y conservarnos libres de todas las potestades, lazos, decepciones y perfidias de los infernales espíritus. Por Cristo nuestro Señor. Amén.

Oració motl curiosa y devota de Sant Pau

N. va al devant, devant del darrera; Sant Pau, San Pete, Sant Luch y Sant March per cada costat; cans y llops las dents serradas, dels enemichs las mans lligadas, tan guardat sia jo, N. como va a ser lo Fill de Deu en las entranyas de María Santíssima. "Pater noster. Amén". Qui ha fet el sol fará lo vent. Al Paradís voldría entra, las ánimas a saludá. Veig venir la Mare de Deu; per lo comi d'or siga. Veig venir lo seur precios car Fill, que devant li venía. De ahont venía lo seu preciós car Fill, de ahont venía; de ahont venllau, que men dexondau. Un sómit qui he tingut, un sómit de veritat, queus havían pres, queus qui he tingut, un sómit de veritat, queus havían pres, queus havían lligar, queus habían pujat al arbe santíssim de la vera

Creu; aquesto preciosíssimis peus ab un clan en son clavats; aqueix preciosíssim costat de llansas y ballestas es estat llancejat; aqueix preciosíssim pit de llansas y ballestas ha estat ferit; aquesta preciosísima boca de fel y vinagre ha estat plena; tota aquesta preciosíssima cara ha estat bofetejada; aqueix preciosíssima cap de setanta duas espinas ha estat conront.—Tot lo quem dihey, la meva Mare, tat me pasa ab veritat. Jo men vaig, per aquest cami ab apóstol Sant Martí; jo men vaig per aquesta vía ab la humil Verge María. A Betlém entrarém, tres desenemichs encontrarém; tres desenemichs no 'm toqueu, que soch señor de las cinch creus de las cinch Avemarías; si per cas no 'm voleu creure, aquí está la Verge María queus dirá la veritat. —Diu que qui esta aració dirá o la fará dis tres días y tres nits, no morirá sens confessar y combregar, las penas del infern no las veurá. Deu ens dongui goig y alegría.

Un "Pare nostre y Avemaría".

Haces Pare nostre y Avemaría que'hem dit, que siam oferts y presentat devant de Nostre Senyor y

María santísima, y Sant Peu glorios quens vulgui guardar de lladres y traidors, de falsos testimonis, del poder del Dimoni, y de viutre y morir en pecat mortal. Amén, Jesús.

Oraciones curativas

Las oraciones que siguen, adquiridas de distintas fuentes, son lo que con toda justicia pudiéramos llamar un tesoro de dones corporales.

Mil repetidas pruebas nos han dado el convencimiento absoluto de su eficacia; mil testimonios imparciales y severos están contentos con nosotros en proclamar su virtualidad para cada caso.

Pero ni nuestras pruebas ni el testimonio ajeno tendrían ningún valor, si las oraciones por sí mismas no se recomendasen por la mayor de las elocuencias, elocuencias de hecho, Acúdase a él, pues, como último e inapelable tribunal.

Nos conviene advertir, empero, que no basta la fórmula por sí para que la virtualidad resplandezca. Ya nuestro divino Redentor dijo por boca de San Mateo (7:7) que no debía dar las perlas a los cerdos; lo cual claramente testifica que las cosas de Dios no pueden ser por todos operadas ni por todos comprendidas. Dijo más el Mesías: dijo por boca del mismo evangelista, que no todos los que dicen Señor, son aptos para entrar en el reino de los cielos (7:23), y que muchos de los postreros serán primeros y muchos de los primeros serán postreros (19:30).

Contra el mal de la orina

Señor, por el especial privilegio otorgado al beato Liborio contra los males de cálculos, piedras, orina e ijada, haz que N. N. se vea libre de… que padece. Glorioso San Liborio, intercede por nosotros. Amén.

(Se signa la parte dolorida y se rezan tres Padrenuestros en honor de la Santísima Trinidad).

Contra el dolor de muelas, de dientes, etc.

Bendita Santa Apolonia, que por tu virginidad y martirio merecisteis del señor ser instituida abogada contra el dolor de muelas y dientes; te suplicamos fervorosos que intercedas con el Dios de las misericordias para que esta criatura N. N. sea sanada. Señor, concede benigno la súplica que te dirigimos, y que sea prontamente curada. Amén.

(Un Padre nuestro a Santa Apolonia y tres a la Santísima Trinidad)

Contra la erisipela

En nombre de Dios † Padre, y del Hijo de Dios †, de San Marcial †, que ni por fuera † ni por dentro † le hagas ningún mal.

(Háganse sobre la parte del paciente en que haya aparecido la erisipela las cruces que se señalan y récense tres Padrenuestros a la beatísima Trinidad).

Otra para lo mismo

Jesús nació †, Jesús murió †, Jesús resucitó †. Como se curaron las llagas de Jesucristo, así pueda ser curada esta erisipela en honra y gloria de la Santísima Trinidad.

(Se rezan tres Padrenuestros).

Contra las anginas

En Belén hay tres niñas: una cose, otra hila y otra cura las anginas; una hila, otra cose y otra cura el mal traidor.

(Se repite tres veces en otros tantos días seguidos, haciendo señal de la cruz en cada una de ellas y rezando tres Padrenuestros en honor de la Santísima Trinidad).

Contra el mismo mal

Nuestro Señor y San Martín iban por un camino, donde hallaron a San Pedro de bruces contra un canto rodado.

"¿Qué haces aquí?", le dijo el Señor; y San Pedro contestó: "Me estoy muriendo de mal de anginas, de garganta y de flemones". A lo que el divino Maestro repuso: "Ponte los cinco dedos de la mano derecha en el cuello y carrillos en honra y gloria de la Santísima Trinidad, y con el santo nombre de Dios, el mal te serpa curado".

(Se rezan tres Padrenuestros a la Trinidad beatísima).

Contra contusiones, dislocación de huesos o relajamiento del pecho

Jesús nació, Jesús fue bautizado, Jesús sufrió pasión y muerte. Jesús resucitó y ascendió a los cielos. Jesús está sentado a la diestra de Dios Padre, y desde allí vendrá a juzgar a los vivos y a los muertos. Por estas grandes verdades y por el valor y confianza que inspiran a los cristianos, que estas contusiones de N. N. (o dislocaciones, etc.) sean curadas, como lo fueron las heridas de sus divinas sienes y costados.

(Se rezan cinco Padrenuestros en memoria de las cinco llagas de Jesús).

Contra quemaduras

El fuego no tiene frío, el agua no tiene sed, el aire no tiene calor, el pan no tiene hambre. San Lorenzo, curad estas quemaduras por el poder de Dios constatado.

(Se signa y reza un Padre nuestro a San Lorenzo).

Contra hernias y quebraduras

Jesús encarnó en las purísimas entrañas de la Virgen María; y nació y habitó entre nosotros; y para enseñarnos a tener fe verdadera, por su propia virtud y con su gracia, curaba todas las enfermedades y dolencias a los que en él creían y le buscaban; y para librarnos de todo mal, sufrió pasión y muerte; y para abrirnos la puerta del Paraíso, ascendió glorioso y triunfante a los cielos, después de haber hollado a todas las furias infernales. Pues, así como estas palabras son ciertas, así lo es también que tú N. N., puedes ser curado de la hernia que padeces, por la virtud y en honor de las tres Personas distintas de la Santísima Trinidad, a quien humildemente le pido la gracia que te veas tan pronto curado como Jesucristo de sus llagas. Amén.

Contra el mal de pechos (pelos, cascaduras, grietas, etc.)

Jesús vivió †, Jesús murió †, Jesús resucitó †; como estas palabras son verdad, haced la gracia de curar el pecho cascado (o agrietado, etc.) derecho (o izquierdo) de N. N., a la mayor brevedad.

(Se repite tres veces y se rezan tres Padrenuestros en honor de la Santísima Trinidad).

Contra las nubes en los ojos

Nube, nube, nube, de sangre y agua formada, en honra y gloria de la Santísima Trinidad † que sea prontamente curada.

(Se rezan tres Padrenuestros en honra de la Trinidad beatísima).

Otra

Madre de San Simeón, abogada contra las nubes †, clara es la luna, claro es el sol, clara sea la de N. N. por vuestra intercesión.

(Se repite durante nueve días)

Contra la nostalgia

En tu Concepción fuiste inmaculada, Virgen María.

(Se repite y se rezan tres Ave Marías).

Otra para lo mismo

Jesús nació, Jesús murió; Jesús nació, Jesús murió; Jesús nació, Jesús murió. Así sea curada la nostalgia de N. N. como estas palabras son ciertas.

(Sígnese al paciente y récense tres Padrenuestros en honor de la Santísima Trinidad).

Contra la parálisis

Adorabilísimo Jesús, inagotable fuente de clemencia, así como te dignaste a curar al paralítico que te salió al encuentro diciéndole: "Levántate, toma tu cama y vete a tu casa"; así te suplico te dignes a curar a N. N., que con todo fervor te lo implora No desoigas su plegaria, y reverente te saludará con los ángeles del Paraíso diciendo: Santo, Santo, Santo es el Dios de los ejércitos, a quien veneran todas las naciones.

(Tres Padrenuestros, Ave María y Gloria Patri).

Contra el flujo

Adorable Cordero inmolado en el Gólgota, mi siempre amado Jesús, extiende sobre mí tu mano y sálvame del flujo que me apena, como salvaste a aquella piadosa mujer, que hacía doce años lo padecía. Yo también, como ella, tengo fe en tu potestad soberana; yo también quiero tocar tu vestido, segura de que, si lo logro, habré alcanzado la curación de mi mal. (Credo).

Contra la apoplejía

Dios y Señor nuestro que, habiendo muerto de apoplejía, el bienaventurado Andrés Avelino mientras ofrecía el sacrificio del Altar, te dignaste a conferirle la gracia de recibirlo en el eterno santuario de tu gloria y ser desde allí intercesor para contigo de los que padecen de este mal; reverentes te suplicamos que por sus méritos y sus misericordias sea sanado N. N. del ataque que le postra, y sirva todo ello para honra y gloria tuya. Así sea.

(Se reza un Padre nuestro a San Avelino y tres a la Trinidad Sacrosanta).

Contra el mal de oído, sordera, etc.

Señor mío Jesucristo, tú que te dignaste librar de sus dolencias al sordomudo de Decápolis con sólo meter los dedos en su oído y decirle: "Sea abierto"; concédeme la gracia que en tu nombre o imitando tus milagros, ya que no tus virtudes, pueda † sanar a N. N. del mal de oídos (o lo que sea) que padece.

(Récese el Credo como testimonio de la fe en los méritos de Jesús crucificado).

A María Santísima para no caer en las tentaciones impuras

> Bendita sea tu pureza
> y eternamente lo sea.
> Pues todo un Dios se recrea
> en tan graciosa belleza.
> A ti, celestial princesa,
> Virgen sagrada María.
> Te ofrezco desde este día
> alma, vida y corazón.

Mírame con compasión,
no me dejes, Madre mía.

(Hay concedidas muchas indulgencias).

Viva Jesús, viva su divino amor, viva su divina gracia, viva María Santísima; muera el pecado mortal, muera el demonio y viva Jesús.

Alabado sea el sagrado Corazón de Jesús; alabado sea el purísimo Corazón de María por siempre. Amén.

El Magnificat
Alcanza la protección de la Virgen

Glorifica mi alma al Señor.

Y mi espíritu está transportado de gozo en el Dios salvador mío.

Porque ha puesto sus ojos en la bajeza de su esclava; por tanto, ya desde ahora me llamarán bienaventurada todas las generaciones.

Porque ha hecho en mí cosas grandes el Todopoderoso, cuyo nombre es santo.

Y cuya misericordia se extiende de generación en generación a todos los que le temen.

Dio grandes muestras del sublime poder de sus brazos, desbarató los proyectos que allá en su corazón meditaron los soberbios.

Derribó del solio a los poderosos y ensalzó a los humildes.

Colmó de bienes a los menesterosos hambrientos, y a los ricos los despidió sin nada.

Acogió a Israel su siervo, acordándose de su misericordia.

Según lo prometió a nuestros Padres, Abraham y a sus descendientes, por los siglos de los siglos.

(Gloria Patri, etc.)

El Señor sea con nosotros,

y con tu espíritu.

Bendigamos al señor.

Gracias sean dadas a Dios.

Y que las almas de los fieles difuntos descansen en paz por la misericordia de Dios.

Así sea.

El Benedicat

Es un cántico de alabanzas al Señor

Alabad a Jehová desde los cielos, alabad en las alturas.

Alabadle, vosotros todos sus ángeles; alabadle vosotros todos sus ejércitos.

Alabadle, cielos de los cielos, y las aguas que están sobre los cielos.

Alaben estas cosas el nombre de Jehová, porque él mandó y fueron creadas.

Y las hizo ser para siempre por los siglos; púsoles ley que no será quebrantada.

Alabad a Jehová de la tierra, los dragones y los abismos.

El fuego y el granizo, la nieve y el vapor, el viento de tempestad que ejecuta su palabra.

Los montes y todos los collados, el árbol de frutos y todos los cedros.

La bestia, y todo animal; reptiles y volátiles.

Los reyes de la tierra y todos los pueblos; los príncipes y todos los jueces de la tierra.

Los mancebos, y también las doncellas; los viejos y los niños.

Alaben el nombre de Jehová; porque sólo su nombre es elevado, su gloria es sobre la tierras y cielos.

Él ensalzó el poder de su pueblo; alábenle todos sus santos, los hijos de Israel, el pueblo a él cercano. Aleluya.

El Miserere

Alcanza el perdón de los pecados

Ten piedad de mí, oh, Dios, conforme a tus misericordias; conforme a la multitud de tus piedades, borra mis rebeliones.

Lávame más y más de mi maldad, y límpiame de mi pecado.

Porque yo reconozco mis rebeliones; y mi pecado está delante de mí.

A ti, a ti solo he pecado, y he hecho lo malo delante de tus ojos; confiésolo, porque seas reconocido justo en tu palabra, y tenido por puro en tu juicio.

He aquí, en maldad he sido formado, y en pecado me concibió mi madre.

He aquí, tú amas la verdad en íntimo, y en lo secreto me has hecho comprender tu sabiduría.

Purifícame con hisopo, y seré limpio; lávame y seré emblanquecido más que la nieve.

Hazme sentir gozo y alegría; y se recrearán los huesos que has abatido.

Esconde tu rostro de mis pecados, y borra todas mis maldades.

Crea en mí, oh, Dios, un corazón limpio; y renueva un espíritu recto dentro de mí.

No me eches de delante de ti; y no quites de mí tu santo Espíritu.

Vuélveme el gozo de tu salud, y haz que el espíritu libre me sustente.

Enseñaré a tus prevaricadores tus caminos; y los pecadores se convertirán a ti.

Líbrame de homicidios, oh, Dios, Dios de mi salud; cantará mi lengua tu justicia.

Señor, abre mis labios y publicará mi boca tu alabanza.

Porque no quieres tú el sacrificio que yo daría; no quieres holocausto.

Los sacrificios de Dios son el espíritu quebrantado; al corazón contrito y humillado no despreciarás tú, oh, Dios.

Haz bien en tu benevolencia a Sion: edificará los muros de Jerusalén.

El Angelus

Angelus domini nuntiavit Mariæ, et concepit de Spiritu Sancto. Ave María.
Ecce Ancilla Domini, fit mihi secundum verbum tuum. Ave María.
Et verbum, caro factum est, et habitavit in nobis. Ave María.

Dicho esto, vaya por toda la casa echando agua bendita con candela encendida de las benditas, diciendo los Salmos graduales, que son propios para esta ocasión, y en cada pared de los aposentos, tránsitos y corredores haga la cruz con carbón, lápiz o con un hierro o cuchillo, diciendo en cada una:

Ecce Crucem Domini, fugite parte adverse,
in virtute Domini nostri Jesu Christi que
pependit in ea.
Salmo 119: Ad Dominum cumtribularet.
Salmo 121: Letatus sum in his etc.
Salmo 222: Ad te levavi oculos meos, etc.

Llegando a bajo, donde más se sienta el duende
o la bruja, diga: Adioutorium Nostrum in nomine
Domini, que fecit coelum, etcétera, terram.
Dominus vobiscum.
Et cum Spiritu tuo.
Secuentia sancti Evangeli secundum Matheu.
Gloria tibi Domine.
In illo tempore; dixit Jesus discipulus suis
omnis que audivir verba mea, etc. facitea, assi-
milabitud viro sapienti, qui edificavit domum
suam supra pertam, etc., descendit pluvia, etc.,
venerum flumina, etc., flaverunt venit, irruerunt
indomumustam, etc., nos cecidint fundata runt
in domum istam, etc., nos cecidint fundata enim
era supra petram, etc., omnis audivit verda mea,

etc., non facit ea simillis erit viro stulto omnis que audivit sapienti, qui aedicavit domum suam super arenam, etc. descendit pluvia, etc., venerum flumina, etc., flaverum venti, irruerunt in domum istam, etc., cecidit, etc., fluit illius magna, etc., cum consumaset Jesus verba hæc, admirabantur turbe super doctrina ieus, erat enim docens eos, sicut potestatem habens.

Laus tibi Christie Rex regum, etc., per Evangelium dictum deleantur nostrum delictum, etc., aurefatur ab hac domo etc., habitatotibus in ea omne maledictum.

Prosiga diciendo:

Domus ista; sicut domus Israel, esperavit in Domino.

Aintur ceru, etc., protector eorum est.

Benedixit omnibus, qui timent Dominum.

Dicat nuc lomus ista timenas Dominum.

Quoniam in secula misericordia eius.

Dominus vobiscum. Et cum spiritu tuo.

Oremus

Domun istam tuam; domine Jesu Christe elementer ingredere, etc., corda habitantium in et igne, tuo amore, etc., fidel vehementer accede, ut firmiter supra petram edificata, nulla domus ministrotum corum incursiones turbetur.

Domine Jesu Christe qui habites in vivir lapidibus fillis Alabe, per illos habitacula eorum imples omni Benediccione bono dich, etcétera santifica ha denom servorum tuorum, qui sub tus patrocinio singularitier confolum, ut nulla egus Magorum, malignorum spiritum alli dominetur adversitas.

Sancti nominus tue timorem pariter, amorem fac nos habere perpetum quia numquam tua fubernatione distitius, puos insolidate tue dileccionis instituir.

Famolorum tuorum, quesimus, domine delictis ignoce, ut qui tibi placere de actiubus nostris, non valemus genitricis. Fille tuo domini nostri Jesu Christe intrcessione sal vemur.

Deur, qui miro, ordine Angelorum, ministeria hominum qua dispersas ; concede propicius, ut a quibus tibis ministratibus in celo Semper asistitur, ab is interna nostra vita muniatur. Per Christum Dominum nostrum. Amén.

Luego vuelve a andar por toda la casa echando agua bendita.

Qui confidum in domino Psalmos 124, 125,126, 127 y 128 Kyrie eleyson. Christe eleyson, Kyrie eleyson, Pater noster.

Et ne no inducas intentationem. Sed liberanos a malo.

Dominus vobiscum. Et cum spiritu tuo.

Oremus

Deus qui in omni loco dominacioni tus, custos, etc., protector asistis; exaudi nos quesumus inviolabilis huius domus permaneant, bene † diccio, etc., tui muneris largitas, etc., misericordia abundancia Semper, etcétera, ubique laudetus.

Deus que inefabile, providencia inefabile, santos Angelus tuos ad nostram custodia mitere dignaris lagire suplicibus tuis, etc., oerum semdere.

Auge in nobis, que sumus domine quod de tua inspraciones concepimus desiderium, ut caritatis tue domo replatti, que nos sperare fecisti, per invocationem tui nomino perenni valeamus aqusione consequi. Qui vivis, etc., regnas cum Deo Padre, etc. unitate Spiritu Sancti, Deus per omnia secula seculorem. Amén.

Después prosiga, bendiga un poco de incienso, diciendo:

Auditorium Nostrum, in nomine Domini quifecit celum etc., terram.

Dominus, et cum spiritu tuo.

Oremus

Per intercessiones beati Michaelis Ancángeli, statis a dextis Altaris incansi, etc., omnium electorum suprum, insensum istud dignetus Dominos bendicere, etc., inodorem suavitatis accipere. Per Christum Dominum nostrum. Amén.

Y echando incienso en agua bendita, diga:

Incensum istud a te Domine, benedictus asendat at te, etc., etc.; descendat Semper nos misericordia tua. Et sicut dæmonium Asmodasen a Sara filia Bechelis ministerios Arcangeli Rafaelis liberast. Comuera Domum ejus benedictionibus resplanti; ita replere digneris hac domum tua benediction, etc., omnes habitants in ea omnibus insilis, etc., suggestione daboli misericorditem liberare. Per Christum Dominum nosctrum. Amén.

In illo tempore dixit essus Dicipulis sus ecce mitto vos sicus agnos inter lujios nolite portare facalum, neque peram, neque calcamente nemini, per viam salutavoristi Primum dicte, pas huis du-moy si ibi fuerit filius pacis juper cum pax vuestras, sin aum ad vos revertetur.

Qui nos creavit, redimit ipse nos regnat guber-net perucat in vitam eternam. Amen. Benediccio Dei omnipotentis Pater † Filli, Spiritu Sancti, desendda super domum omnes habitantes in ea, etc., manead semper. Amén.

Nota: Esta bendición se hace en el aire echan-do agua bendita.

Oració a Sant Ciprià

En nom del Pare, del Fili y del Espirit Sant. Amén.

Esta es la mol útil e important santa oració del gloriós y mártir Sant Ciprià, la cual fou feta y ordenada por el gloriós Sant Ciprià; per librar las personas de mal enganys y encisos, y per cualselvol lligament i encantaments, per la dona que va de part, per pestilencia y aires corrumptus, la cual oració a de ser llegada tres vegadas y en tres diumenges y cada diumenge, una sola vegada y en tres diumenges y cada diumenge, una sola vegada, y per la ajuda de Deu, Pare, Fili i Espirit Sant, que son tres personas y un sol Deu verdader que reina semper y sens fi, Amén. †.

A vos Sant Ciprià, servidor de Deu nostre Senyor produhit en lo mateix enteniment y el gran cumbre y Crue Santa de Deu. Ciprià Sant alabatt en los temps Antich vista la malatía de vistre servidor. N. i las suas maldats, per las cuals, fou admés sobre el poder del diable y no coneivia lo vostre Sant nom. Lligaba ñps núvols que no ploguesen sobre la terra y la terra no daba fruit, lligaba los peixos del marque no anessin per las arenas de las aiguas, y la molta gran malicia de mas maldats, y las donas que estaban prenyades no podían parir, totes, totes aquesta cosas feya yo en nom del diable y ara en nom de Deu Jesucristcom que coneixo la vostre satíssim nom santificat y amable so tornat de la multitud del s meus mais, y ara afirmo de tot mon cor y de tota ma vlountat, me pso al costat de vostre diví amor y vostres manaments perque me convidi lo seu amor a la gran misericordia, perque vos sou la paraula del mont alt poder tant poderós perque rompeu i desfeu tots los enllasaments de totes les criaturas y de tots los homes y dones caigan la pluja sobre la terra donan sos fruits los abres, y las donas parescan sos fills sens ninguna tucia y mamen la llet dels pitts de sas mares, y se deun los peixos del mar, y tots los animals que van sobre la terra y se deslliguen, tots els llansament que van sobre la terra y se desliguen, tots els núvols del Cel y totes las altras cosas de tots el shomes y dones que han

passat tota manera de mals encisos de día y ded
not, totas sian defestas y deslligadas por lo Sant
nom de Jesús fonga tot mal enemich de mí, de
aquel o de aquella, sia desfet i deslligat tot mal y
tots los mal encisos y mals fets y las mias las suas
obras amb sian aprofitadas devan del Senyor…†
Y que nos guardi de nit de día del diable y de seu
poder y de tot sos encisaments, per lo sant nom de
DEu, glroifcar y pujat al Cel desde la terra, y per
Emanuel que es la paraula de Deu pur glorificar
†. Així com la pedra seca fou oberta y danaba de si
aigua de ahont vivían los fills de Israel y així Senyor
Totpoderós poseu la ma plena ded la divina gracia
sobre el vos servidor o servidora N. y que portán
aquesta oració, la mostrará o la té en casa sempre
sia així Senyor com posareu a Adan en principio
dedl mon en lo paradís terrenal cual posareu un riu
y de allí eixían cuatro rius que son Gión, Prisión,
Tigre y Eufratres, als cual manareu regar tot lo
mon y per las tals cosas vos suplico Jesucrist que
en tractar y contractar no puga detenir ni impe-
dior lo diable malahit ni lo mal espirit, ni ningún

enllasament ni mal fet de envida contra aquestos vostres servidors. Amén Jesús †.

Mes todas aquestas cosas sin embrasadas y anuladas, que danyen ni emperescan las 72 llenguas que están departidas per tot lo mon, cualselvol dels montraris que fassia mals sia malahit y escomunicat per les oracions dels angels bons sia absolut aquet vostre servidor N. y tota la casa mía y tots los habitans y todas las cosas que hi ha en tot lo mon nos sian totas libradas de tota especie de maleficis y encisos que fan molts y malas donas y per nom de Deu que baixá sobre Jerusalem, y per tots los que se reunexen altíssim Criator nostre, perque lo diable malahit no tinga poder de trancar ni caltracar cualselvol que sobre sí tindrá o portará esta santa oración † estiga sert que no tindrá cap melancolía cap persona de día ni de nit a son está y familia y en la esconmunicació de S. Pere y S. Pau, y per las santas oracions y per los sant profetas, y per las santas profecías, y per la humilitat dels Religoso y per la hermosura de Eva, y lo sacrificio de Abel, per Deu advenitor al Judicio, y per la castedat de Joanás, y per la bondat de Josafat, y per la liberación de Noé, y per la fe de Abraham y per la abundancia de Isaach, al cual lo librará mon Deu y per la Jov i la oració y hermosura de S. Joseph y per ensallansment de Isaach y per afnixament de Moisés, per tots los sants angels y per el sacrifici de Josafat, per las llagrímas de Jeremías, per las del gloriós Zacarías, per lo profet de los profetas, per auqell que dorm alabant a Deu Nostre Senyor. Amén, Jesús †, y per lo profeta Daniel y per las llagas del sants Evangelistas, per la Sarsa que veu Moisés en forma de foch, y per lo resplandorde las llunas y per tots los semons que feren los sants Apóstols y per lo Naixement de Nostre Senyor Jesuchrist, per lo bautismo, y per la veu de oír de pare en lo Cel, que sonaba y aquest es lo meu fill que ha eixit de mí em plau y me agrada molt que totas las gentes le preguían y le adoraren, y per aquel y aquella que Llátzer del moniment y lo resucitá lo fill de la vida, y per aquel que se assosega los vents y las llamas y per los miracles que fan los angels, per aquels que están prop de ells, y per lo dejuni dells Apóstols, per la vinguda del Espiritr Sant, que vingué sobre de ella, y per las virtuts y per lo nom que esta oració están, y per la alabanza de Deu que cría totas las cosesm y per lo Pare, y per lo Fill y per lo Espirit Sant. Amén.

Si son mals encisos fets de enllasaments de lo diable mal fet prens de nit o de día, y si es fet en ferro, o en or, o en plata, o en aram, o en plon, o en estanq o en cualsevol metal, tot sia desthuit o desensiasat, no se ab quina no puguia penetrar de aquí al de avan, o si encis es en algún fil d'or o cotó o fil o de moro o de jueu, o be de heretje, o en font o en pont, o en mar o en vivés o en sa casa o en paret, o en camp o be en desert o en repartiment de rius y de tot especie de aiguas, en cors de crear, o de ferro, o si fou donat o menjar y veur li sian desfestas aquestes cosas que aquest vostre servidor N. pero lo vostre Sant nom tot poderós y molt altísim, siua alabat per sempre. Amé Jesús.

De part de Deu, y la mia de Sant Cipriá per lo pode que Deu me ha donat, os ansoluch de todos los encisos que han fet mals homes y males dones por lo nom de Deus y Abraham, Deu de Jacob, Deu de Isaach, oh rey gran podrós de la gloria, sian desfetas o deslligades de aquet servidor N. y de los que esta oració continuan tendrán y llegirán o farán llegir sobre de ells. Deu en son poder auxilio y gracia per lo amor qu'ents té y la gran misericordia en tots los homes y donas del mon. Sia en nostre ajuda a San Miguel, San Gabriel, San Rafael, y tots los sants Angels y Arcángeles de Nostre Deu y Senyor y principals protestats virtudes del Cel y los ordres del venaventurats San Joan Bautista, et los sants patriarcas y profetas y per las virtuts y oración del Sants apóstoñs San Pere y San Pau, San Andreu, San Jaume, San Tomás, San Bartolomeu, San Felip, San Mateu, San Jaume Major, San March, San Maciá, San Llach, San Simó, y per totas las ordres de las santas verges mártirs y confesores de Deu, y per la corona del Rey San Davit, per los cuatre sants Evangelista que son Luch, Joan, March y Mateu; son las cuatre piles del Cel, que no empedesquian ninguna de als setenta dos lleguas que son repartitas per tot el mon per esta o absolvió per la veu que dona Cristo cuan curá a Lázaro del minoment absolveunos. Senyor per la paraula que diu cuan digué Adan "ahon seu" absolveunos. Deu per la vostra virtud ped la cual se alsó lo malalt y li digué: "Alsat i pren los sans in santas de Deu † absolveunos de mi N. servidor vostres, y sian libradas del poder aqueix infernal diable, y per Emanuel que la paraula de Deu sia ab nosaltres y per tot lo sant nom de Deu nostre Senyor; y totas las altres cosas que son aquí nombradas sian desfetas y deslligadas pe, sobre mí y tots nosaltres y N., servidor vostre tot mals encisos, malts fets, lligament y de tot mal y mala ventura. Amén Jesús.

Gloria al Pare, gloria al Fill y gloria al Espirit Sant com ara en lo principio crech y será per sempre en els sigles del sigles. Amén per sempre Jesús.

Oració

Senyor Deu meu Jesucrist, Pare dulcíssim, per el gois que veu tení la vostra divina Mare la sagrada nit de Resurecció y per goig que va tení com us va veure ple de gloria ab llum de Nativitat us denamo que me elluminéu an els dons del Espirit Sant, perque pugui cumplir la vostra voluntad tots els días de ma vida, pues viviu y regnéu dels pels sigles. Amén.

Oración

Bendita sea tu pureza; eternamente lo sea, pues todo un Dios se recrea en ti, celestial Princesa, Virgen Sagrada María, te ofrezco desde este día mi alma, vida y corazón. Mírame con compasión, no me dejes, no, Madre mía.

A San Antoni de Padua

Gloriosíssim Antoni. Per lo ardent afecte que distingireu a vostre amat Jesús, per santísima dulzura que infundí aquet Ninyo en vostre cor ab sosa lagos per aquel mirable que fereu cuando deslliuráreu a vostre Pare del seu cili, acusat de alsos testimonis, per aquellas gracias que demanareu al Senyor que lo perdut se trobés, y comensat se acabés; vos suplico vullau guardarme de falsos testimonis, injustas sentecnias, malas companyas, y afavorime de totas necesitats ab vostre eficás patrocini y en particular, en que me alsaséu la gracia de desitxo, si es del grado de sa Divina Magestat. Vos poderós Antoni, teniu pietat de mí, Puig ha posat en Vos ma esperanza.

¡Oh Sant dels miracles!, socorréume, feu que visma en aquesta vida con a verdader amant de Jesús, per poder després eternament gosarlo en el Cel.

Responso de San Antonio de Papua

Si oæris miracula.
Mors, error, camitas
Moemon, lepra fugiunt
Aegri surgunt sani
Cedunt mare vincula:
Membra resque perditas;
Petunt, et acciquiunt;
Juvenes et mani.
Gloria Patri el Filio

Et Spiritu Sancti.
Cedunt mare vincula;
Membra resque perditas;
Petunt, et acciquiunt
Juvenes et mani.
Ora pronobis Beate Antoni.
Ut digni efficamur prommissionibus
Christi.

Oremus

Ecclesiam tua, Deus Beati Antoni Confessoris tiu deprecatio votiva loetificat, ut spiritualibus semper mulatur auxiliis, et gaudiis perfruii mereatur æternis Per Christum Dominum nostrum. Amén.

Pater noster. Ave María.

Sí curas los milagros de la muerte, error calamidad, lepra, y ahuyentas los demonios; los campos son fértiles, ceden las tempestades en el mar y todos los miembros de la lozana juventud recobran su fuerza y vigor; los que piden lo obtienen al instante.

Gloria al Padre, al Hijo y al Espíritu Santo.

Profecía del venerable Padre Bernardillo Clauti

Este religioso murió en el Palao en el año 1849

Las cosas llegarán a su término, y cuando todo parecerá perdido, y que la mano del hombre no podrá más, entonces Dios pondrá la suya y lo arreglará todo en un abrir y cerrar de ojos, como de la mañana a la tarde… Vendrá "un gran castigo"; será terrible e irá dirigido contra todos los impíos. Será un azote del todo nuevo, y hasta entonces nunca visto en el mundo. El cielo y la tierra se unirán y grandes pecadores se convertirán, porque entonces conocerán a Dios. Este azote se hará sentir en todo el mundo y será tan espantoso que los que sobrevivirán se creerán haber ellos solos escapado. Todos entonces serán buenos y penitentes. Esto será seguido de una reorganización general y de un triunfo para la Iglesia… Mas, antes que esto suceda, el mal habrá hecho tales estragos en el mundo, parecerá que los demonios hayan salido del infierno; tan grande serpa la persecución de los malos contra los justos, los cuales tendrán que padecer un verdadero martirio.

Por un difunto

Oh, Dios, de quien es propio tener misericordia y perdón, humildemente os ruego por el alma de vuestro siervo N. N. que sacado habéis de este mundo, que no lo entreguéis en manos del enemigo, ni lo olvidéis para siempre; sino que mandéis a los santos ángeles que lo reciban y a la patria celestial le acompañen, para que, ya que en Vos esperó y creyó, no padezca las del infierno, sino que posee la eterna alegría.

Por Cristo Nuestro Señor. Amén.

Por un difunto o difunta

Inclinad, oh, Señor, vuestros oídos a mis súplicas, con las cuales humildemente imploro vuestra gran misericordia, para que el alma de vuestro siervo o sierva N. N., que mandasteis salir de este mundo, la coloquéis en la región de la paz y de la luz, mandéis sea compañera de vuestros santos.

Por Cristo Nuestro Señor. Amén.

Exorcismos contra las inminentes tempestades, lluvias, etc.

Por la señal de la Cruz, de nuestros enemigos líbranos, Señor, Dios nuestro. En el nombre del Padre, del Hijo y del Espíritu Santo.

Luego se reza el símbolo de Fe: Creo en un Dios Padre todo poderoso, etc.

Concluido, dígase: *Kirie eleyson, Christe eleyson, Kirie eleyson.* (Récese Padre nuestro).

Venga en nuestra ayuda el nombre del Señor, que hizo el cielo y la tierra.

Sea alabado el nombre del Señor. No sólo ahora sino hasta el fin de los siglos.

Roguemos a Dios y disipemos a sus enemigos. Huyan los que odian a Él y sus obras.

Supliquemos a Cristo que nos ayude. Y su nombre pronto nos auxiliará.

Señor, oye mis oraciones. Y mi clamor llegue hasta a ti.

El señor sea con vosotros y con tu espíritu. Oremos:

Señor mío Jesucristo que hiciste el cielo y la tierra, el mar y todas las cosas que en ellos existen, que bendijiste el río Jordán, pues en él quisiste ser bautizado y tus santísimas manos y brazos extendiste en la Cruz, la que de este modo santificaste, suplicamos de tu inmensa piedad y abundantísima bondad que a estas nubes que ante mí, detrás de mí, a la derecha e izquierda, veo llenas de agua, te dignes perturbar, disolver y aniquilar; y si vienen unidas de la potestad del diablo, sus impías iras turbes y destruyas, para mayor gloria de tu altísimo nombre y potentísima majestad. Tú que vives y reinas con Dios Padre en unión del Espíritu Santo Dios por todos los siglos de los siglos. Amén.

Después, vuelto de cara a las nubes, se signarán estas, diciendo:

Rodéate nube Dios † Padre. Rodéate nube Dios † Hijo. Rodéate nube Dios † Espíritu Santo.

Destrúyete nube Dios † Padre. Destrúyete nube Dios † Hijo. Destrúyete nube Dios † Espíritu Santo. Comprímete nube Dios † Padre. Comprímete nube Dios † Hijo. Comprímete nube Dios † Espíritu Santo. Amén.

Súplica: San Mateo, San Marcos, San Juan Evangelista, que el Evangelio de Cristo por vuestros méritos y por las presentes necesidades, dad fin a esta tempestad para bien de todos los cristianos en unión de Nuestro Señor Jesucristo, guardadnos, defendednos y amparadnos.

Exorcismos: Y yo pecador y sacerdote de Cristo, su ministro, aunque en verdad indignamente revestido de autoridad y virtud del mismo Dios y de Nuestro Señor Jesucristo, Emperadores de todo lo creado, no por eso confundirá ni destruirá mi poder el espíritu inmundo que excita a esas nubes y nieblas, y por la virtud del mismo Dios y de Nuestro Señor Jesucristo, por su santísima † Encarnación, por su santo Nacimiento, por su Bautismo y ayuno, por su santísima Cruz † y Pasión, por su santa Resurrección, por su admirable ascensión, por su tremendo advenimiento y juicio, por los nunca bien ponderados méritos de la Santísima Virgen María y Nuestro Santísimo N., por los méritos de todos los Santos y Santas, aléjate y descárgate en los parajes silvestres e incultos en los que no puedas causar daño a los hombres, animales y frutos, hierbas y árboles, o a ninguna otra cosa destinada para uso de la humanidad. Por el mismo señor Jesucristo que vendrá a juzgar a los vivos y a los muertos y por el fin de los siglos. Amén †. Asimismo, vuestro poder, oh, demonios que conmueven estas nubes, quedará nulo con el mandato anterior. Este es mi verdadero Hijo en quien confío el cuidado de todas las cosas †; para destruir vuestro poder extendió su santísimo cuerpo en la sacratísima cruz †. Por esto mismo después de cuarenta días ascendió a los cielos †. Por esto mismo vendrá a juzgar a los vivos y a los muertos; por los siglos de los siglos. Amén.

Tomando una cruz en la mano, se dice:

He aquí el santo madero de la cruz, huid cosas adversas, vencedlas también Vos Señor Nuestro

Jesucristo, Hijo de Dios Omnipotente, emperador del mundo, de la tribu de Judá y del reino de David.

Después, con agua bendita, se rocían los cuatro puntos cardinales en forma de cruz. Si no calma la tempestad, dígase la letanía de los Santos. Concluida esta, dígase: Salve Reina y Madre, etc.

Después bendigamos al Padre, al Hijo y al Espíritu Santo.

Adorémosle y ensalcémosle hasta el fin de los siglos.

Ruega por nosotros, Santa Madre de Dios, para que seamos dignos de alcanzar las promesas de Cristo.

Roguemos a Cristo que nos auxilie, y su nombre pronto nos auxiliará.

Señor, escucha la oración mía, y mi clamor llegue hasta a ti.

El Señor sea con vosotros, y con nuestro espíritu. Oremos:

Omnipotente y eterno Dios que por medio de la confesión de verdadera fe diste a conocer a tres siervos tu gloriosas eterna Trinidad para que pudieran adorar tu potente majestad en Unidad, haced que seamos firmes en esa misma fe para que siempre venzamos todas las adversidades.

Oremos: Señor, protege a tus siervos en la larga paz y la beatísima siempre Virgen María nos ampare y nos libre de todo peligro y de caer en poder de nuestros enemigos.

Oremos: Quered, Señor, que vuestra santa cara espiritual se vea libre de esta maligna tempestad de agua.

Oremos: Señor, atiende las preces que te dirigimos y suplicámoste serenos nuestras tribulaciones que justamente nos afligen por nuestros pecados y de tu previsora misericordia, notemos la clemencia.

Oremos: Señor, Dios nuestro, dignaos conservar los puntos de la tierra para que experimentemos su auxilio temporal y podamos aumentar espiritualmente por Jesucristo Señor nuestro. Amén.

Pueden rezarse oraciones a otros Santos y si la tempestad no ha calmado, puede repetirse lo dicho varias veces.

Jesús María y José

Copia de una carta milagrosa copiada de un Padre reverendo, del 6 de julio del año 1892, que dice así:

Milagro de una carta que bajó del Cielo en manos de un sacerdote, llamado don Nicolás Vicente; mientras celebraba misa en la iglesia de San Pedro en Roma, en ocasión de estar consagrándose, cayó en la patena.

Tomó él entonces la carta que nadie pudo explicar, sino un niño sordo y mudo llamado Ángel, en vista de cuyo prodigio Su Santidad dispuso que fuese copiada al pie de la letra.

Dice así:

«Hijos muy queridos y redimidos con mi Sangre, la que derramé por vosotros al pie de la Cruz. Si no fuera por los ruegos de mi Santísima Madre y de los Santos de vuestra devoción, ya os hubiera confundido en vuestras maldades; y os prevengo que si no os enmendáis y guardáis las fiestas, especialmente los domingos, os entrarán penas y pasaréis hambre y sed, sin que logréis cosa buena. Si no lo hacéis así, los primeros de agosto veréis el sol que os atemorizaréis unos con otros. Os mando que hagáis penitencia, o si no, tendréis trabajos y tormentos. No mováis escándalos.

»No os acordéis de las almas que nos han agraviado; por lo tanto os mando que los encomendéis al Señor de todo lo creado, dando limosna (los que puedan) y no juréis en vano mi Santo nombre, o profanéis la Señal de la Cruz, ni guardéis rencor alguno, unos con otros; si no hacéis penitencia de vuestras culpas, se os abrirá la tierra que os tragará y arderéis; a mi Santísima Madre, Santa Catalina, Santa Ana y Santo Domingo de Guzmán; pues si no fuera por los ruegos que por vosotros hacen, ya habría caído el rayo de mi divina justica.

»Si alguno dijera que este original es de un hombre y no de Dios todopoderoso, será maldito del Cielo y de la tierra; las personas que llevaran copia de esta carta, de un pueblo a otro, serán benditas ellas y su familia toda, y en el día del juicio serán perdonados sus pecados, y ellas puestas a mi derecha, y será en mí vuestra alegría. El que desprecie esta carta será maldito del Cielo y de la tierra, y experimentará el rigor de Dios Todopoderoso, así como la persona que de sus bienes diera alguna limosna para que se traslade esta carta a todos los pueblos, será bendita del Cielo y tierra. Os mando que socorráis a lo pobres y necesitados. Amaréis a vuestro prójimo y sobre todo a Dios Todopoderoso, de todo corazón; y si así no lo hiciereis, la maldición de Dios sería para vosotros y tendréis guerra, peste, calamidades y trabajos. Y aspirad cinco veces al año en memoria y muerte y guardar esta carta con gran devoción, afecto y fidelidad. La daréis a copiar a los que lo pidan, y los que la guardasen sin publicarla, tendrán grandes trabajos hasta el día del juicio. El cristiano que la copie y la publique será bendito de Dios; y aunque tuviera pecados que no entre en el cielo, le serán perdonados.

»Entre otras virtudes, la particular es que si se pone sobre una mujer que estuviese en parto, parirá con la mayor facilidad, por cuyo beneficio quedará obligada a rezar tres Ave Marías, en honra y gloria a mi Santísima Madre, Virgen de las Concepción, y concebida en gracia y sin pecado original»

Oración

¡Oh, Santísima Cruz!, ¡Oh, inocente y piadoso Cordero! ¡Oh, pena grave y cruel! ¡Oh, pobreza de Cristo mi Redentor! ¡Oh, llagas muy lastimadas! ¡Oh, corazón traspasado! ¡Oh, sangre de Cristo derramada! ¡Oh, muerte de Cristo amarga! ¡Oh, dignidad de Dios, digna de ser reverenciada! Ayudadme, Señor, para alcanzar la vida eterna. Amén.

Oración al glorioso San Sebastián

Glorioso en invicto mártir San Sebastián, insigne protector de los afligidos, desconsolados y menesteroso que ponen la confianza en Dios y esperan de su benignísima mano el remedio de sus aflicciones y necesidades; os suplicamos como abogados que sois también contra todo contagio, peste y epidemia, que libréis nuestras casas con vuestra intercesión de todos estos males. Amén.

San Cristóbal

En la orilla del mar, tres marinos que estaban en una puerta vieron pasar a San Cristóbal y rociáronle en el baldón con la oración del peregrino, cuando la Magdalena vino con paños a limpiar a Jesús; no te asustes, que esto son las cinco llagas que todos hemos de pasar, tanto los chicos como los grandes, como toda la cristiandad. Cristóbal, Santo y varón, libra mi casa de brujos, brujas, hechizos, falsos testimonios y enredos, para tranquilidad. *Pax domine.*

Tres Padrenuestros, tres Ave Marías y tres Credos.

Vida

San Cristóbal, antes de ser cristiano, se llamaba Offerus, y era verdadero gigante, tanto por el desarrollo de sus miembros como por su extraordinaria fuerza. Instalose en la corte de un monarca poderosísimo, al que se le felicitaba por la adquisición de un hombre tan robusto y valiente, hasta que cierto día un hechicero pronunció el nombre del diablo en presencia del rey; este, aterrorizado, hizo al momento la señal de la Cruz.

—¿A qué viene eso? —preguntó Offerus.

Por miedo que tengo al diablo —respondió el rey.

Pues si lo temes, prueba que tú no eres tan poderoso como él. Cosa hecha; ahora mismo me voy a servir al diablo.

Y Offerus se marchó de aquel lugar.

Después de andar mucho, vio venir hacia él jinetes armados y capitaneados por un individuo enteramente negro y de aspecto aterrador, quien le dijo:

Offerus, ¿a quién buscas?

Busco al diablo para servirle

—¿Al diablo? Pues, mira, soy yo

Offerus se agregó enseguida a aquella comitiva, y siguiendo su camino se encontraron a mitad de él con una cruz erigida allí. Al verla, el diablo de repente se detiene y manda a su gente que vuelva atrás.

¿Por qué hemos de retroceder así? —preguntó Offerus.

Por miedo que tengo a la imagen de Cristo —contestó el diablo.

Pues entonces, si tú temes a Cristo, prueba que no eres tan fuerte como él, por lo tanto, te dejo y me voy con Cristo.

Offerus tomó otra dirección, no tardando en encontrar a un ermitaño, a quien preguntó:

—¿Dónde está Cristo?

En todas partes —respondió el ermitaño.

No entiendo —dijo Offerus—, pero si eso es verdad, dime qué servicios puede prestarle un hombre robusto e inteligente como yo.

Pues a Cristo se le sirve con oraciones, ayunos y vigilias —añadió el ermitaño, a quien replicó Offerus:

—Has de saber que yo no puedo orar, ayunar ni velar porque no conozco estas prácticas, y así enséñame otra manera de servirle.

El ermitaño lo condujo entonces junto a un torrente que bajaba impetuoso de la mañana.

Los infelices —le dijo— que pretenden atravesar esta corriente perecen ahogados. Quédate, pues, aquí, y conforme vayan viniendo, llévalos a cuestas de una a otra orilla. Haciéndolo por amor a Cristo, te reconocerá por un servidor.

—Esto ya me gusta, y de esa manera me pongo enseguida a servir a Cristo.

Construyose allí mismo la choza; día y noche pasaba a los viajeros de uno a otro lado del torrente. Aconteció una noche que, rendido por el cansancio, se había dormido, y oyese despertar por la voz de un Niño que le llamó tres veces por su nombre. Levantose enseguida, y cargando al Niño a cuestas, entró en el torrente. De pronto crece furiosa la avenida, y el Niño empieza a pesarle de un modo extraordinario. Offerus arranca un árbol para apoyarse y dar más fuerza, pero la corriente sigue creciendo y el Niño se convierte en una carga insoportable. Offerus, temeroso de que el niño se le cayese a agua, levantó la cabeza, y mirándole le dijo:

—Niño, pesas de tal modo, que me parece que llevo el mundo encima.

A lo que el Niño contestó:

—Has de saber que no sólo llevas el mundo, sino al Creador del mundo. Yo soy el Cristo, tu Dios y Señor, a quien debes servir. Te bautizo en nombre de mi Padre, en mi propio nombre y en nombre del Espíritu Santo. De hoy en adelante te llamarás Cristóbal, que quieres decir: Lleva a Cristo.

Dicho esto desapareció el Niño, y sintió Cristóbal vivísimos deseos de servir a Dios de alguna otra manera que con sus solas fuerzas físicas. Abandonó el trabajo que se había impuesto a las orillas del torrente, y emprendió largo camino. Guiando sus pasos el Espíritu Santo, llegó a una ciudad donde los cristianos padecían terrible persecución por la fe, y aunque al principio ni siquiera entendía el idioma, se asoció a sus oraciones y prácticas, convirtiéndose pronto en ardiente defensor de la religión cristiana.

Teniendo esto de noticia, el rey se enfureció de tal modo que mandó un escuadrón de doscientos soldados a prender a Cristóbal. Encontráronle en oración y quedaron tan sobrecogidos en su presencia que no se atrevieron siquiera a ponerle la mano encima. Entonces mandó el rey otros doscientos hombres y, al verlos de lejos, Cristóbal les dijo:

—¿Qué queréis de mí?

Bastaron estas palabras para que, aterrados, le contestasen:

—Tenemos orden de aprenderte, pero si no quieres venir con nosotros, huye de aquí y diremos que no te hemos encontrado.

Se fue a ellos Cristóbal, y les dijo:

—No es lícito mentir; aquí me tenéis. Atadme los brazos y llevadme a la presencia de vuestro rey.

Así lo hicieron y durante el camino quedaron admirados del fervor de la fe de Cristóbal, que muchos se convirtieron.

El rey lo recibió cortésmente, pero luego que vio frustrada su esperanza de vencerlo por halagos y promesas, mandó que fuera asaetado. Cumpliose la orden, pero realizándose el prodigio de que las fechas disparadas quedaban suspendidas en el aire, mirándolas con faz risueña, mientras la cólera del rey no tenía límites. Sucedió que en un disparo hirieron las flechas los ojos del rey, que quedó ciego en el acto, y para poner término a aquel espectáculo, mandó fuese decapitado Cristóbal. Entonces, este le dijo que lo curaría de la ceguera, si después de que fuese cortada su cabeza, tomaba un poco de su sangre y mojaba con ella sus párpados.

Así lo hizo el rey, presenciando multitud de gentes el prodigio de que instantáneamente recobrase la vista.

Oración al feliz tránsito de Santa Rita para alcanzar una santa muerte

¡Oh, abogada mía, Santa Rita, llegasteis ya al tiempo de concluir vuestra gloriosas fatigas; ya vuestro Esposo, a quien fielmente servisteis, os quiere más cerca de Él para coronaros en el cielo de la gloria; ya el Padre celestial, que se os manifestó en visión (como a otro Patriarca Jacob en el día de vuestra gloriosa profesión, en la cumbre de la escala por donde subían y bajaban los ángeles), os guarda amante con los brazos abiertos para recibiros en el empíreo! Alégrome con vos en este día, ¡oh, mi gloriosa protectora!, viendo que Jesús y su Santísima Madre enamorados os convidan para los celestiales desposorios; y ya os llaman el precursor Juan Bautista, vuestro padre San Agustín y vuestro hermano San Nicolás de Tolentino (que fueron paraninfos del matrimonio roto en vuestro ingreso a la religión) por gozarse con vuestra dicha, en vuestro matrimonio consumado en la suma e inadmisible unión de vuestro esposo; los ángeles que os frecuentaron en vuestra enfermedad y encendieron vuestro espíritu en más vivos deseos de los indisolubles abrazos del amado os sirven ya de trono con sus manos para la posesión de la eterna corona.

¡Oh, qué buena compañía lograsteis en remuneración de vuestra soledad y retiro!¡Oh, cómo vuestra celda, testigo de vuestras perennes lágrimas y suspiros, se convirtió en celestial paraíso!

Este es, Santa mía, el galardón que merecieron vuestros ayunos, penitencias, mortificaciones y el dolor imponderable de vuestra corona de espinas. Alabo, bendigo y adoro a la beatísima Trinidad por la grande gloria que poseéis.

Por vuestra suma clemencia os suplico, gloriosa Santa, que me amparéis (especialmente en mi mayor necesidad, que será en la última hora de mi vida). Vos, admirable Santa, os mostrasteis en vuestro cuerpo antes extenuado, luego que expirasteis, resplandeciente y gloriosa, para que conociéramos cuánta es la gloria de vuestra alma; Vos abrís los ojos agradecida a vuestros devotos para explicar vuestros deseos; Vos os levantáis en el sepulcro para que veamos vuestra protección. Vos exhaláis celestiales fragancias cuando nos favorecéis para que sintamos las ansias de vuestro amor. ¡Cuánta confianza nos infunde tan celestiales maravillas para implorar vuestra intercesión! Y, pues, sois tan poderosa con Dios por aquel celo que tuvisteis siempre de la salud de los pecadores y el vivo deseo que yo tengo de

ser vuestro fidelísimo siervo (aunque indigno de ser oído), enseñadme desde el cielo y sé mi guía en mi peregrinación, para que viva imitando de tal suerte vuestras heroicas virtudes, que merezca con vuestro patrocinio morir en un acto de amor, divino, perfectísimo, y en vuestra compañía bendecir eternamente lo que he perdido en este novenario, si es para mayor gloria de Dios, bien de mi alma culto vuestro. Amén.

Contra el dolor de muelas

Estando San Pedro sentado en la orilla del río Jordán, triste y melancólico, llegó Cristo y le dijo:

¿Qué tiene, Pedro, que estás triste y melancólico?

Señor, —respondió San Pedro— me duelen las muelas a causa de unos gusanos que las están moviendo.

El Señor le dijo:

Yo te concedo que no te duelan más las muelas, a causa de los gusanillos, en el nombre del Padre, del Hijo y del Espíritu Santo.

Señor, —suplicó San Pedro— yo os suplico que todos los que lleven estas palabras escritas sobre sí, que no les duelan las muelas a causa de los gusanillos.

El Señor se lo concedió en nombre del Padre, del Hijo y del Espíritu Santo.

Oració per a curar el mal de ventre

Entre mitj de l'art y la tina está nostre Redentó a gust se la señora y a disgust del senyó, Vos que sou pare de clemencia, feume pasar el doló.

Se resan tres Pare nostres a la Santíssima Trinitat.

Per a curar l'anyorament

Per a curar l'anyorament de una criatura que estigui trista y plori, se mare o el seu pare deurá postalrla al riu, nou die seguits, agafant nou pedretes cada día, les ha de doná a la criatura de una a una, que aquesta les anirá tirant al riu, aigua corret, curem al meu fill de l'anyorament.

Tres Pare nostres a la Santíssima Trinitat.

Per a curar los tels del ulls

> Desfeta qui te ha feta, te ha criada,
> entre mitj de carn y Sant Daniel,
> que te arrenqui de soca y de arrel,
> clar es la lluna, slar es lo sol
> y clar es la desfeta si deu ho vol.

En la honra y gloria a la Santíssima Trinitat que le desfeta sigui curada ben aviat.

Mentres se va dient aquesta oració, se ha d'anar senyat l'ull y luego després se resan tres Pare nostres a la Santíssima Trinitat.

Per a curar la melsa

Se tenen nou grans de sal del tamany d'un gra de blat de moro y s'agafan de un a un senyat-se el costat esquert tot diente aquesta paraulas: En nom de Deu, qu'm curis † de la melsa y de tot mal † aixís se curi aquesta melsa com se fondrá aquesta sal †.

Se tira seguidamente el gra d sal dintre d'una tassa qu's tindrá preparada, casi plena d'aigua y es dirá: Jesús, repentintlo tante vegades con grans se tirin dintre l'aigua, los cuals podrán ensarse passat iou o deu hores.

Aquesta operación se ha de fer cada dematí y cada vespre durat nou diez seguits y se resan tres Pare nostre a la Santíssima Trinitat.

Per a curar l'esllomat

Sant Bernat y Sant Maura van per un cami, trovan a N. N. esllomat, curéulo vos Marua, curéulo vos Bernat, es honra y gloria a al Santíssima Trinitat.

Se repeteix tres vegades y se dihuen tres Pare nostres a la Santíssima Trinitat.

Per altres varis mals

Mal fet †, mal vist † doló y mal sigui curat † com cinch llagas de Deu Jesucrist.

Se senya tres vegades y se resa tres Ave Marías a la Santíssima Trinitat.

Índice

*Tesoro de milagros y oraciones
de la Cruz de Caravaca*

Impreso en los talleres de
Litográfica Ingramex S. A. de C. V.
Centeno 195, Col. Valle del Sur,
Alc. Iztapalapa, C. P. 09819,
Ciudad de México.